# Als Rotkäppchen Frankreich verlassen musste

## Champagner und Sekt – eine deutsch-französische Geschichte

Volker Hildisch

Neuauflage

Gewidmet meinem Großvater. Als ich noch ein Kind war, erzählte er mir, dass er 1914 als Soldat aus Westfalen nach Metz einberufen wurde, um gegen die Franzosen zu kämpfen. Zum Glück wurde er krank und wieder in die Heimat zurückgeschickt, sonst wäre er möglicherweise bei Verdun oder in der Champagne getötet worden – so wie viele Tausend Soldaten auf beiden Seiten.

Das Ende der sogenannten Erbfeindschaft zwischen Deutschen und Franzosen wurde am 22. Januar 1963 vom französischen Staatspräsidenten Charles de Gaulle und dem deutschen Bundeskanzler Konrad Adenauer mit dem Elysée-Vertrag über die deutsch-französische Zusammenarbeit eingeläutet. Das Buch soll diesen Meilenstein in der Entwicklung der beiden Staaten würdigen und daran erinnern, dass Florenz-Ludwig Heidsieck, Gottlieb Mumm, Joseph Jacob Bollinger oder William Deutz und Peter Geldermann in freundschaftlicher Absicht nach Frankreich kamen.

# Inhalt

# Champagnerliebe

Einer der Orte, in dem man bis heute der deutsch-französischen Geschichte des Champagners nachspüren kann, ist Ay – ein kleiner Weinbauort im Tal der Marne in Sichtweite von Épernay. Am westlichen Rand von Ay, gleich unterhalb der Grand-Cru-Weinberge und neben einem Erlebniszentrum für den Champagner („Centre d'Interpretation Sensorielle des Vins de Champagne"), liegt der Friedhof. Hier haben einige deutsche Einwanderer und ihre Familien, deren Champagner weltbekannt wurden, in kleinen Mausoleen ihre letzten Ruhestätten gefunden. Nur durch Zufall oder – wie in meinem Fall durch einen konkreten Hinweis – entdeckt man eine Grabstelle mit einer schlichten grauen Marmorplatte, in die zwei Namen eingraviert sind, die ebenfalls auf eine deutsche Herkunft hindeuten, aber mit Champagner unmittelbar nichts zu tun haben: „Famille Neuville – von Pentz". Was sich dahinter verbirgt, ist eine wunderbare deutsch-französische Liebesgeschichte, die in der Gegenwart dann doch wieder mit Champagner zu tun hat. Doch der Reihe nach.

Brigitte von Pentz und André Neuville – das ist die tragische und gleichzeitig wunderbare Geschichte einer Frau aus altem deutschen Adel und einem französischen Zwangsarbeiter aus der Champagne, deren Wege sich im Zweiten Weltkrieg auf einem Landgut bei Königsberg kreuzen. Ihre Liebe können sie vor Gestapo und SS geheim halten. Gemeinsam gelingt ihnen gegen Ende des Zweiten Weltkriegs die Flucht vor der Roten Armee über die Ostsee nach Schleswig-Holstein, wo sie heiraten. Dann ziehen sie in die Champagne und führen dort ein Familienleben, das ganz im Zeichen der deutsch-französischen Aussöhnung steht. Einer ihrer Enkel setzt diesen Weg auf besondere Art und Weise fort: Der junge Franzose heiratet eine Deutsche, die er in Polen kennengelernt hat. Er führt seit Kurzem die Champagnerproduktion seines Vaters fort.

Brigitte von Pentz wird im April 1917 geboren. Ihr Geburtsort Wünsdorf südlich von Berlin, in der Nähe eines der damals größten Truppenübungsplätze auf deutschem Boden, erklärt sich aus dem Beruf des Vaters – ein Offizier aus preußischem Adel. 1914 wird er in Courey bei Reims verwundet, als die preußischen Truppen im Ersten Weltkrieg Richtung

Brigitte von Pentz mit den beiden ältesten Söhnen.

Paris vorrücken. Wieder genesen, muss er zurück an die Front und nimmt als Adjutant des Generals von Falkenstein an der Marne-Schlacht teil. Ironie der Geschichte: Seine Tochter Brigitte wird später einmal auf verschlungenen Wegen hierher nach Frankreich kommen und in der Champagne leben. (Ihr Großvater väterlicherseits stirbt übrigens im Ersten Weltkrieg in der Schlacht von Ypern in Belgien. Während ihr Großvater mütterlicherseits, General Paul von Windheim, 1912 auf einer Treibjagd an der Seite von Kaiser Wilhelm II. an einem Herzinfarkt stirbt.)

André Neuville wird am ersten Tag des Jahres 1914 in Montmireil in der Champagne geboren. Er macht eine Lehre als Steinmetz und arbeitet in diesem Beruf, bis er 1939 als Soldat zum Kriegsdienst nach Lothringen eingezogen wird. In der Kaserne von Bitche absolviert er seine Grundausbildung. 1940 gerät er in der Schlacht von Dünkirchen in deutsche Kriegsgefangenschaft und wird per Eisenbahntransport nach Ostpreußen deportiert – ins Stammlager 1A (Stalag) in Wehlan. Diese Stammlager dienten als Durchgangsstationen für Kriegsgefangene, die in der Kriegswirtschaft – z.T. unter schlimmsten Bedingungen – arbeiten mussten. André kommt mit 22 seiner Kameraden auf das Gut Langendorf in Ostpreußen, rund 30 Kilometer von Königsberg entfernt. Hier betreibt die Großgrundbesitzer-Familie Perbandt seit über 700 Jahren auf über 1000 Hektar Land einen landwirtschaftlichen Betrieb.

Brigitte, die nach dem Abitur die Schule für Landfrauen besucht hatte, bewirbt sich auf eine Anzeige im Deutschen Adelsblatt und bekommt eine Anstellung just auf jenem Gutshof an der Pregel, auf dem André seit einiger Zeit Zwangsarbeit leisten muss. Hier kreuzen sich 1943 ihre Wege. Sie wird die rechte Hand des Gutsverwalters. Obwohl es unter dem Nazi-Regime unter Androhung der Todesstrafe verboten ist, private Kontakte zu Zwangsarbeitern zu haben, verlieben sich Brigitte und André.

Im August 1944 bombardieren englische Flugzeuge Königsberg. Die Stadt brennt. Im Osten rückt die Rote Armee vor. Flüchtlingstrecks Richtung Ostsee ziehen am Gut Langendorf vorbei. Eines Tages stellt Brigitte fest: Die deutschen Soldaten, die die Kriegsgefangenen bewacht haben, sind weg. Gestapo und SS haben sich aus dem Staub gemacht. Es gibt erste Racheakte von russischen Kriegsgefangenen.

Am 22. Januar 1945 macht sich auch der Treck von Gut Langendorf mit rund 20 Wagen bei Schneesturm und minus 10 Grad auf den Weg Richtung Ostsee. Brigitte und André beschließen, gemeinsam mit anderen französischen Kriegsgefangenen zu flüchten. Er hat Angst um sie, dass sie als Teil der Gutsverwaltung von Rotarmisten vergewaltigt oder erschossen wird. Unter Strapazen erreichen sie das brennende Königsberg. Mit Tausenden anderer Flüchtlinge schlagen sie sich nach Pillau durch, um über die Ostsee zu flüchten.

Dort gelingt es ihnen, auf einen Eisbrecher mit dem Namen „Königsberg" zu kommen, der sie bis nach Danzig-Gotenhafen (Gdingen) bringt. Gerade wollen sie dort das Marineschiff „Wilhelm Gustloff" betreten, als es heißt: „Wir sind überfüllt." Das rettet ihr Leben. Die „Gustloff" wird am 30. Januar 1945 vor der pommerschen Küste von einem russischen U-Boot versenkt. Rund 9000 Menschen auf dem überfüllten Schiff finden den Tod in der eisigen Ostsee. Eine der größten Katastrophen der Seefahrtsgeschichte. André und Brigitte schaffen es dagegen am nächsten Tag, einen Platz auf dem Walfangschiff „Walter Rau" zu finden. Unversehrt und glücklich erreichen sie Eckernförde.

Am Strand der Schlei macht André Brigitte einen Heiratsantrag. Im Mai 1945, als der Krieg zu Ende ist, entschließen sie sich zu heiraten. Doch in Schleswig-Holstein fühlen sie sich nicht wirklich willkommen. Durch die Flüchtlinge, vor allem aus den östlichen Gebieten, hat sich die Einwohnerzahl in Schleswig-Holstein fast verdoppelt, auf vier „Einheimische" kommen drei „Zugezogene".

Deswegen ziehen sie ein halbes Jahr später weiter – in Andrés Heimat, die Champagne. Dorthin, wo einst Brigittes Vater und Großvater im Ersten Weltkrieg gegen die Franzosen kämpften. Für Brigitte, in den Augen einiger Nachbarn die „Nazi-Braut", war es wiederum hier nicht einfach. André arbeitet wieder als Steinmetz, sie bekommen drei Kinder. Die werden zweisprachig erzogen – in dem Bewusstsein, dass sie den beiden kulturellen Identitäten ihrer Eltern gerecht werden müssen. Stephane, der älteste Sohn, wird Physiker. Dann kommt Christian, der als Steinmetz in die Fußstapfen seines Vaters tritt. Und schließlich Isabelle, die Lehrerin wird und Alain Lemaire heiratet, einen Winzer aus Avize.

Brigitte und André sterben 2004 bzw. 2005 und liegen auf dem Friedhof von Ay begraben. Aber die deutsch-französische Familiengeschichte von André und Brigitte schreibt ein weiteres Kapitel: Einer ihrer Enkel, der 1980 geborene David Lemaire, studiert drei Jahre lang Bauingenieurwesen in Mainz. Während einer Studienreise nach Polen lernt er seine spätere Frau Lydia kennen. Sie stammt aus Greifswald. David fühlt sich mehr zum Weinbau als zum Häuserbau hingezogen – und übernimmt schließlich das elterliche Weingut in Avize, wenige Kilometer südlich von Épernay.

André Neuville und Brigitte von Pentz.

Auf drei Hektar Grand-Cru-Flächen rund um das Haus wachsen seine Trauben. Einen Teil verkauft er an eines der großen Champagnerhäuser, den anderen Teil vermarktet er selber und darf sich daher Propriétaire-Récoltant nennen. David Lemaire macht unter anderem einen Blanc de Blanc, einen reinsortigen Champagner ausschließlich aus weißen Trauben.

Wer aus Deutschland kommt und vor Ort einen Winzer-Champagner kaufen möchte, wird also keine Kommunikationsprobleme haben. Denn auch Davids Mutter, die Tochter von Brigitte von Pentz, spricht als ehemalige Deutschlehrerin fließend Deutsch.

Diese Geschichte verdanke ich Bernhard Bisinger aus Stuttgart. Ihn, einen Nachfahren der Champagnerfamilie Bissinger, habe ich im Zuge meiner Recherchen kennengelernt. Er erzählte mir die Geschichte von der Familie Neuville/von Pentz: Als er das Grabmal seiner Vorfahren auf dem Friedhof in Ay renovierte, traf er zufällig auf Christian Neuville und erfuhr von ihm dessen Familiengeschichte. Später fuhren Bernhard Bisinger und ich noch einmal zusammen in die Champagne, dabei lernte ich zwei der drei Kinder von Brigitte von Pentz und André Neuville kennen. Sie überließen mir großzügigerweise die persönlichen Aufzeichnungen ihrer Mutter über die Zeit in Ostpreußen und die Flucht über die Ostsee sowie die des Vaters von Brigitte von Pentz. Der ehemalige Manager der Siemens Planiawerke in Berlin hat in seinem Tagebuch die Familiengeschichte in den 1930er- und 1940er-Jahren festgehalten.

Enkel David Lemaire mit seiner aus Deutschland stammenden Frau Lydia.

# Mythos Champagner

Er hat Komponisten und Musiker wie Johann Strauß und Tom Waits inspiriert. Dem einen flossen mit dem „Champagner-Walzer“ und der „Champagner-Polka“ gleich zwei Stücke aus der Feder. Der andere besingt ihn in Stücken wie „Take it with me“ oder „Straight to the top“ und entwickelt auch gleich noch eine Lebensweisheit aus dem prickelnden Getränk: „Champagner für meine echten Freunde und echte Schmerzen für meine falschen Freunde.“ Champagner oder Sekt ploppt und perlt beim Öffnen und Eingießen, er belebt, erheitert und sorgt für festliche Stimmung. Bei Hochzeiten ist er nicht wegzudenken. Auch im Sport ist er präsent. Schiffstaufen ohne ihn sind undenkbar. Zum Feuerwerk stoßen Menschen weltweit mit dem prickelnden Getränk auf das neue Jahr an.

Der Maler Max Slevogt war vom Champagner so begeistert, dass er nach Motiven aus Mozarts Oper „Don Giovanni“ und inspiriert von dem Opernsänger Francesco d'Andrade gleich mehrere Varianten des Champagnerlieds auf die Leinwand brachte. Auch der volkstümliche Dichter und Zeichner Wilhelm Busch (1872) hat ihm gehuldigt. „Wie lieb und lustig perlt die Blase der Witwe Klicko in dem Glase. – Gelobt seist Du viel tausend Mal.“ Wie überhaupt der Champagner in Literaten-, Künstler- und Intellektuellen-Kreisen ausgiebig getrunken wurde und wird. François Bonal (1990) hat in der „Anthologie du Champagne“ in mehr als 12.000 Texten Anmerkungen zum prickelnden Elixier gefunden.

Alkohol, und insbesondere der perlende, wird als Quelle der Inspiration und der Lebensfreude ausführlich gefeiert. Goethe sagt es dagegen im „Faust“ eher kurz und knapp: „Ich will Champagner Wein, und recht moussierend soll er sein!“ Der englische Schriftsteller John Mortimer zeigte sich überzeugt: „Ein Glas Champagner jeden Morgen ist das Geheimnis eines langen Lebens.“ Er starb mit 85 Jahren. Der aus dem Libanon stammende und in Frankreich lebende Amin Maalouf erzählt in seinem Roman „Die Verunsicherten" (2014), wie er bei einem Treffen mit einer Jugendfreundin mit Obst, Leckereien und Champagner bewirtet wird, bevor beide sich im Bett wiederfinden. Und Amélie Nothomb lässt literarisch die Korken knallen. Ihr zutiefst französischer Roman „Die Kunst, Champagner zu trinken" (2016), ist eine Liebeserklärung an den Rausch und an eine ungewöhnliche Freundschaft. Sie bricht das Fasten mit Veuve Clicquot, woraufhin sich Visionen von Schmuck einstellen, der dem Champagner gleicht. „Das Gold seines Kleids war in die Armreife gegossen, die Bläschen in die Diamanten. Und der Kühle des Silbers entsprach die Kälte des Schlucks."

Champagner – das ist nicht nur ein außergewöhnlicher Wein mit einem großen Mythos. Diese Aura hatte der deutsche Sekt zu keiner Zeit. Champagner – das ist aber auch ein deutsch-französisches Projekt. Geprägt vom Innovationsgeist französischer Winzer und Unternehmer wie Dom Pérignon, Barbe-Nicole Clicquot-Ponsardin oder Claude Moët. Und dem kaufmännischen Geschick deutscher Einwanderer wie Florenz-Ludwig Heidsieck, Johann-Joseph Krug, Louis Roederer, Georg Hermann Mumm, den Gründern bis heute existierender großer Champagnermarken, oder eines Ludwig Bohne, Handelsvertreter des Hauses Veuve Clicquot für Zentral-Europa. Zu einem weltweiten Erfolg konnte sich der Champagner nicht nur trotz, sondern auch wegen der zahlreichen Kriege zwischen Frankreich und Deutschland entwickeln, von denen die Champagne seit der napoleonischen Zeit betroffen war. Eine besondere Herausforderung war die wirtschaftliche Konkurrenz aus dem Ausland. Insbesondere deutsche Sekthäuser versuchten, mit „deutschem Champagner" vom Erfolg der Weine aus Frankreich zu profitieren.

Dieses Buch ist kein klassischer Weinführer. Sondern es richtet den Blick auf die Gründerzeit der Champagnerfirmen im 18. Jahrhundert und die Boomphase im 19. Jahrhundert. Auf die Zeit nach dem Krieg von 1870/71, als sich in der Champagne und in Lothringen zahlreiche deutsche Sekthäuser wie Henkell und „Rotkäppchen“ niederließen. Auf den Ersten Weltkrieg, in dessen Folge die deutschen Sekthäuser Frankreich verlassen mussten und enteignet wurden, und den Versailler Vertrag von 1919, in dem sich die Franzosen das Markenrecht für den Champagner zusichern ließen. Auf die deutsche Besatzungszeit im Zweiten Weltkrieg, als Millionen von Flaschen zu Dumpingpreisen nach Deutschland transportiert wurden. Und nicht zuletzt auf die Zeit nach dem Krieg, als der Champagner durch die europäischen Gesetze sein heutiges Alleinstellungsrecht erhielt.

Die Kathedrale von Reims – eine der bedeutendsten gotischen Kirchen Frankreichs und Krönungsort der französischen Könige.

# Der Champagner-paragraph

Am 11. November 1918 ging in einem Eisenbahnwaggon auf einer Waldlichtung bei Compiègne mit dem Waffenstillstand zwischen dem Deutschen Reich und den beiden Westmächten Frankreich und England der Erste Weltkrieg zu Ende. Etwa 17 Millionen Menschen hatten in den Kämpfen der zurückliegenden vier Jahre ihr Leben verloren. Unter den Schlachten, Stellungs- und Grabenkriegen mussten vor allem Frankreich und Belgien leiden. Besonders betroffen war neben der Region um Verdun auch die Champagne.

Reims wurde 1919 vom französischen Präsidenten Raymond Poincaré wegen der schweren Kriegsschäden zur „Märtyrerstadt" erklärt. Ein Jahr zuvor war die Zivilbevölkerung größtenteils evakuiert worden. Viele Menschen überlebten den Artilleriebeschuss und die Luftangriffe der Deutschen nur, weil sie in den tiefen Kellern der Champagnerhäuser Zuflucht suchen konnten. 60 Prozent der Häuser lagen in Schutt und Asche, als Erstes hatte die deutsche Artillerie es auf die Kathedrale abgesehen. Der Ort, an dem die meisten französischen Könige gekrönt wurden, galt als nationales Symbol des „Erzfeindes" Frankreich.

Die Waffen schwiegen zwar seit dem Abkommen von Compiègne im November 1918, aber der Kriegszustand war noch nicht beendet. Nach monatelangen Beratungen der Siegermächte tagte im Januar 1919 im Schloss von Versailles die Pariser Friedenskonferenz. Am 7. Mai wurde der deutschen Delegation der Vertragsentwurf zu einem Friedensvertrag vorgelegt. Dazu zählten Gebietsabtretungen, Reparationszahlungen und eine weitgehende Entmilitarisierung. Nur unter Protest stimmten die deutsche Regierung und die Weimarer Nationalversammlung den Bedingungen zu. Am 28. Juni 1919 unterzeichnete die deutsche Delegation den Vertrag, am 10. Januar 1920 trat er in Kraft.

An dieser Stelle sollen nicht die Historiker-Debatten bemüht werden, welche Folgen der Versailler Vertrag für Deutschland oder die politische Entwicklung in Europa hatten. Der Blick richtet sich vielmehr auf ein Detail, von dem man sich wundert, dass es in solch einem komplexen Vertrag nach solch einem barbarischen Krieg überhaupt auftaucht.

Im Kapitel III findet man unter dem Titel „unlauterer Wettbewerb" die Paragrafen 274 und 275, die ganz offensichtlich von den Interessenvertretern der Champagnerwinzer in das Vertragswerk geschrieben wurden. Darin heißt es u.a.:

„Deutschland verpflichtet sich, durch Beschlagnahme und durch alle anderen geeigneten Rechtsbehelfe die Ein- und Ausfuhr sowie für das Inland die Herstellung, den Umlauf, den Verkauf und das Feilbieten aller Erzeugnisse oder Waren zu unterdrücken und zu verhindern, die auf dem betreffenden Gegenstand selbst oder seiner unmittelbaren Aufmachung oder seiner äußeren Verpackung irgendwelche Marken, Namen, Aufschriften oder Zeichen tragen, welche unmittelbar oder mittelbar falsche Angaben über Ursprung, Gattung, Art oder charakteristische Eigenschaften dieser Erzeugnisse oder Waren darstellen."

Und weiter:

„... wodurch das Recht auf eine Lagebezeichnung für die in dem betreffenden Lande erzeugten Weine oder geistigen Getränke bestimmt oder geregelt wird oder wodurch die Bedingungen bestimmt oder geregelt werden, an welche die Erlaubnis zum Gebrauch einer Lagebezeichnung geknüpft ist. Die Ein- und Ausfuhr, die Herstellung, der Umlauf, der Verkauf oder das Feilbieten von Erzeugnissen oder Waren, die den obengenannten Gesetzen oder Entscheidungen zuwiderlaufende Lagebezeichnungen tragen, sind von Deutschland zu untersagen und durch die im vorigen Artikel vorgeschriebenen Maßnahmen zu unterdrücken."

Besonders betraf dies Champagner und Cognac aus deutscher Herstellung, die aus französischer Sicht irreführend nach französischen Regionen benannt waren. Damit wurde im

Versailler Vertrag endlich das manifestiert, was die Champagnerwinzer schon lange gefordert hatten: Champagner darf sich nur nennen, was aus der Champagne stammt. Champagner ist mehr als nur die Methode zur Herstellung von Schaumwein. Die wurde möglicherweise in England entdeckt, genau kann dies heute keiner der Forscher sagen. Aber zumindest wurde sie in der Champagne ab dem 18. Jahrhundert weiterentwickelt und perfektioniert. Beteiligt wiederum waren am Erfolg dieser Innovation auf dem Weinmarkt und seiner erfolgreichen Vermarktung maßgeblich deutsche Einwanderer. Und gerne wurde das Produkt später in europäischen Weinbauländern kopiert – außer in Deutschland auch in Spanien, Italien und Österreich. Insbesondere aber spiegelt der Streit um den Champagner einen besonderen Aspekt der deutsch-französischen Geschichte wider.

Vertragsunterzeichnung in der Spiegelgalerie des Schlosses von Versailles 1919.

# Der Aufstieg des Champagners

Wie ein Vogelnest schmiegt sich das kleine Dorf Hautvillers an den Südhang der Montagne de Reims. Von hier hat man einen wundervollen Blick auf das Tal der Marne und die jenseits des Flusses liegende Stadt Épernay. Vor allem aber blickt man von hier oben auf endlose Weinfelder, die sich vom Fluss die Abhänge hochziehen bis an den Rand des Waldes, der sich nach Norden bis kurz vor Reims erstreckt. Wer hier einen Hektar der Anbaufläche kaufen will, muss aktuell (Stand 2018) 1,6 bis 2 Millionen Euro auf den Tisch legen. Ein stolzer Preis, von dem die Mönche von Hautvillers seinerzeit nicht zu träumen gewagt hätten. Und der es nur noch großen Häusern ermöglicht, Anbauflächen zu erwerben.

Der kleine Ort Hautvillers oberhalb des Marne-Tals gilt als Wiege des Champagners.

Mitte des 7. Jahrhunderts gründete Erzbischof Nivard von Reims in Hautvillers eines der ältesten Benediktiner-Klöster der Welt. Bereits die Römer hatten hier Wein angebaut. Im Lauf der Zeit waren auch die Mönche der Abtei zu Winzern geworden und besaßen bald ein imposantes Weingut. 1668 wird Pierre Pérignon Cellerar des Klosters, eine Art Finanzvorstand. Dom Pérignon kümmerte sich auch persönlich um die Qualität des Weines, schließlich war die Weinproduktion eine der Haupteinnahmequellen des Klosters. Er hat zwar nicht den „Champagner" und das Prickeln im Wein erfunden, wie wir ihn heute kennen, obwohl ihm der Satz zugeschrieben wird: „Brüder kommt schnell, ich trinke Sterne." Dass der Hersteller des gleichnamigen Champagners heute seine Leistungen ins Göttliche überhöht, kann man getrost rauschfördernden Mitteln in der Werbeagentur zuschreiben: „Ein Dom Pérignon ist nicht einfach ein Champagner. Er ist der Urknall im Universum des Göttergetränks, das Alpha und Omega der Kunst, den besten Wein der Welt herzustellen. Keinen geringeren Anspruch hatte Bruder Pierre, ein Benediktinermönch", heißt es bei Moët Hennessy auf der Internetseite.

Das Champagnerhaus Moët & Chandon hat dem Mönch Dom Pérignon in Épernay ein Denkmal gesetzt.

Um es mal etwas weniger marketingmäßig auszudrücken: Dom Pérignon stellte fest, dass der Wein durch den Verschnitt von Most verschiedener Traubensorten deutlich an Qualität gewann. Dieses Prinzip der „Cuvée" durch die „Assemblage" bestimmt bis heute die Champagnerproduktion, indem Weine unterschiedlicher Rebsorten, unterschiedlicher Lagen und sogar unterschiedlicher Jahrgänge verschnitten werden. Außerdem beschäftigte sich Dom Pérignon intensiv mit der Abfüllung des Weins auf Flaschen. Denn die stellten anfangs ein großes Problem dar.

Die Schaumweinproduktion konnte in der Anfangszeit noch nicht gesteuert werden, unterlag starken Schwankungen und verursachte hohe Verluste. Im 17. Jahrhundert hatte man begonnen, den Wein schon im Anbaugebiet in Flaschen zu füllen, um seine Frische zu erhalten, da der Wein den Transport im Fass nicht gut überstand. Doch die Flaschen hielten dem hohen Druck der Kohlensäure oft nicht stand. Nicht nur in den Kellern krachte es, wenn die Flaschen platzten, sondern vor allem auf dem Transport per Pferdewagen über holprige Wege. Bis zu 80 Prozent der Flaschen explodierten – ein gewaltiger Verlust, der den Champagner teuer und zu einem Luxusgut vor allem für Reiche machte. Nicht umsonst trugen die Kellerarbeiter dicke Lederwesten und Drahtmasken vor dem Gesicht. Es mussten also Flaschen aus dickerem Glas entwickelt werden, die den hohen Druck aushielten. Außerdem wurden die ursprünglich verwendeten Holzverschlüsse durch Korken ersetzt und mit Bindfäden, später mit Draht, fixiert, um Druckverluste oder das Austreten von Wein zu verhindern. Dom Pérignon leistete hierbei Pionierarbeit. Und seit 1730 wurde immer weiter daran gearbeitet, die Flaschengärung zu optimieren. Die Flaschengärung war ein Mysterium. Die Champagnererzeuger kannten nämlich die Vorgänge nicht genau. Häufig scheitert die Schaumbildung an fehlendem Zucker, da die Umweltbedingungen dieses nördlich gelegenen, kühlen Weinbaugebietes nur selten genügend natürlichen Traubenzucker in die Reben einzubringen vermochten. Nach Ernte und Pressung wurde der Most zur Gärung in Fässer abgefüllt.

Durch das eher kühle Klima war die Gärung von kurzer Dauer, wodurch in guten Jahren Restzucker übrig blieb. Mit dem wärmeren Frühlingswetter begann die Gärung von Neuem. Das frei werdende Gas ließ die Weine perlen, entwich aber aus den Fässern. Deshalb sprudelten die Weine mal mehr und mal weniger, je nachdem, wie der Winter verlief. Der Zusatz von Zucker, der die Qualität der Weine in schwachen Jahren verbessern und den Alkoholgehalt steigern sollte, erfolgte in dieser Zeit meist nach Gefühl und sorgte für entsprechende Überraschungen. Die Ergebnisse waren kaum vorhersehbar.

Im Jahr 1801 veröffentlichte Jean-Antoine Chaptal, Mediziner, Chemiker und Innenminister unter Napoleon, ein richtungweisendes Buch über die Verbesserung des Weins, in dem erstmals der chemische Zusammenhang zwischen Hefe und Zucker sowie zwischen Gärung und Alkoholentstehung beschrieben wird. Obwohl die Kunst der Schaumweinerzeugung seit dem 17. Jahrhundert bekannt war, beschrieb Chaptal zum ersten Mal mit wissenschaftlichem Blick den gesamten Prozess vom Spülen der Flaschen bis zum Verkorken des Champagners. Sein Buch diente vielen Weinhändlern der Champagne als Leitfaden zum Aufbau des lukrativen Schaumweingeschäfts, mit dem ein bis zu viermal höherer Preis gegenüber stillem Fasswein erzielt werden konnte. Durch die Flaschenabfüllung blieb der perlend-lebendige Effekt viel besser erhalten. 1831 stieß schließlich der Apotheker Jean-Baptiste François aus Châlons durch seine Forschungen auf die Zusammenhänge zwischen der Menge des zugefügten Zuckers im Wein und der Gärung. Seine Erkenntnisse sorgten dafür, dass die Verluste der Champagnerhäuser in den kommenden Jahrzehnten rapide zurückgingen. Auch der Verschluss der Flaschen wurde laufend verbessert. Zunächst waren es Holzstopfen, die mit ölgetränktem Hanf umwickelt waren. Dass diese nicht richtig dicht waren und die Kohlensäure schnell entweichen ließen, lässt sich gut nachvollziehen. Dann wurde der bis heute verwendete Korken das Mittel der Wahl, festgebunden mit einer Schnur. Auch das brachte noch keine optimalen Ergebnisse. Die ersten Drahtkörbe (= „Agraffe") wurden um 1880 hergestellt, und, damit der Draht durch den Druck sich nicht in den Korken einschnitt, mit einer Platte aus Weißblech geschützt, dem sogenannten „plaque de muselet".

Eine weitere Innovation war das Rüttelpult (= „Remuage"), das der unermüdlichen Barbe-Nicole Clicquot-Ponsardin (1777 bis 1866) und ihrem aus Deutschland stammenden Kellermeister Anton von Müller zu verdanken ist. Lange Zeit tüftelten sie herum, wie sie nach der Lagerzeit der Weine die Reste der abgestorbenen Hefen, das sogenannte „Depot", wieder aus den Flaschen herausbekämen. Dabei zeigte sich, dass man dies durch Drehen und Neigen der Flasche schaffte. Bei der „Veuve Clicquot" musste zunächst ein alter Küchentisch mit Löchern für diese Experimente herhalten, später wurden zwei Bretter v-förmig gegeneinandergesetzt, in die man die Flaschen mit den Hälsen voran steckte.

An der Entwicklung des Rüttelpultes waren Barbe-Nicole Clicquot-Ponsardin und ihre Mitarbeiter maßgeblich beteiligt.

In den Champagnerkellern findet man diese Rüttelpulte bis heute, wenn auch in der Praxis maschinelle Drahtkörbe die Arbeit der Rüttler weitgehend übernommen haben. Aber das Prinzip ist gleich geblieben: Die Flaschen werden über Wochen einmal täglich um einen vorbestimmten Winkel gedreht, aus zunächst nahezu waagerechter Position in eine zunehmend steilere Stellung gebracht. Drehung und Neigung bewirken, dass der Hefepfropf in den Flaschenhals gleitet und von dort durch kurzes Öffnen der Flasche entfernt werden kann. War bis Anfang des 19. Jahrhunderts der Champagner eher eine trübe Brühe, wurde er durch dieses Verfahren zu einem klaren, prickelnden Schaumwein. Das verschaffte der Geschäftsfrau aus Reims für einige Jahre einen Marktvorteil gegenüber ihren Konkurrenten.

Doch lange ließ sich das Geheimnis nicht bewahren, andere Häuser zogen nach und sorgten für einen regelrechten Champagner-Boom. „Im zweiten Jahrzehnt des 19. Jahrhunderts entwickelte sich Champagner von einer regionalen Besonderheit, die nur an den Königshöfen Europas bekannt war, zum bekanntesten Wein der Welt und zu einem Symbol für Festlichkeit und Stil“, schreibt die amerikanische Kulturhistorikerin Tilar J. Mazzeo (2008).

Mit dem heutigen Geschmacksbild eines frischen, spritzigen und tendenziell trockenen Schaumweins hatte der moussierende Wein wenig zu tun. Im frühen 19. Jahrhundert wurde Schaumwein nicht als Aperitif vor dem Essen gereicht. Damals war er vielmehr ein schäumender, für den heutigen Geschmack extrem süßer Dessertwein, der sehr kühl serviert wurde. Schaumweine hatten damals häufig 200 Gramm Restzucker je Liter. Um den Wunsch der Kunden nach süßen Schaumweinen zu befriedigen, füllten die Produzenten großzügig Zuckerlösungen in die Flaschen, bevor sie mit dem Versandkorken verschlossen wurden. Russische Kunden verlangten noch süßere Qualitäten. Weine mit 300 Gramm Zucker galten als angenehm. (Zum Vergleich: Selbst Eiswein hat heute kaum mehr als 200 Gramm Zucker.) Dass sich in späteren Jahren trockener Champagner stärker durchsetzt, hatte mit den Vorlieben der Engländer zu tun. (Dort trank man zum Dessert gerne Sherry und Portwein.)

Und Großbritannien als eines der Hauptabnehmerländer wollten die Häuser aus Reims und Épernay auf jeden Fall zufriedenstellen.

Die Experimente von Dom Pérignon in der Abtei von Hautvillers hatten noch weitere Folgen. Einer seiner Mitbrüder war Dom Thierry. Und dessen Neffe, Nicolas Ruinart aus Épernay, ließ sich von dem, was die Mönche im Weinkeller so anstellten, offenbar anstecken. Eigentlich war er Vertreter einer in der Champagne weitverbreiteten Branche – der Tuchmacher und Tuchhändler. Auch der Vater der Veuve Clicquot, Nicolas Ponsardin, hatte in Reims damit ein ansehnliches Vermögen verdient. Doch als ab 1728 der Weintransport in Flaschen erlaubt wurde, beantragte Nicolas Ruinart eine entsprechende Erlaubnis und gab 1735 den Tuchhandel ganz auf, weil das Geschäft mit Wein aus der Champagne einträglicher war. Rund 40 Prozent betrug angeblich die Marge aus dem Handel mit Wein, während mit dem Tuch nur mehr etwa 20 Prozent Gewinn gemacht werden konnten.

Das erste Champagnerhaus war also gegründet. Einige Jahre später (1742) stieg Claude Moët aus Épernay ins Weinhandelsgeschäft ein. Die Familie hatte offenbar ebenfalls eine große Affinität zum Kloster in Hautvillers. Als nach der Französischen Revolution viele kirchliche Güter säkularisiert wurden, kaufte sein Sohn 1794 Gebäude und Weinberge des Klosters, in dem der Mönch Dom Pérignon gelebt hatte. Ruinart gehörte mittlerweile zu den reichsten Bürgern von Reims. Kurz darauf folgen Gründungen wie Fourneaux, Lanson, Abelé, Clicquot-Ponsardin – sie alle wollen von der wachsenden Nachfrage profitieren. Die Weine aus der Champagne werden am französischen Hof und in der europäischen Aristokratie immer beliebter. Weder die Französische Revolution von 1789 noch die darauf folgenden Napoleonischen Kriege können den Siegeszug des Champagners aufhalten. Im Gegenteil, durch die Truppenbewegungen verbreitete er sich schnell in ganz Europa bis hin nach St. Petersburg, der Residenz des russischen Zaren.

Au Pays du Champagne
14 La Vigne et le Vin
Rinçage des Bouteilles
(Champagne Moët et Chandon)

Es gibt viele Hinweise darauf, dass Napoleon Bonaparte ein großer Liebhaber des Champagners gewesen ist. Zudem pflegte er mit Jean-Rémy Moët, dem Enkel des Firmengründers Claude Moët, eine enge Freundschaft. Die rührte aus dem gemeinsamen Besuch der Militärschule in Brienne-le-Château. Später schaute Napoleon vor jedem seiner Feldzüge in Épernay vorbei und füllte bei Moët & Chandon die Champagnervorräte seiner Truppe auf. In Bezug auf Champagner wird ihm der Spruch nachgesagt: „Nach dem Sieg verdienst du ihn, nach der Niederlage brauchst du ihn." Und Napoleon konnte auf viele Siege trinken: 1805 wurde er in Mailand zum König von Italien gekrönt, dann eroberte er Wien und schlug ein Jahr später bei Jena erst die Preußen und dann bei Austerlitz die vereinigte russisch-österreichische Armee. Die französische Armee besetzte auch Berlin. Wenn das kein Grund zum Trinken war. Napoleon kann man also getrost auch als Handlungsreisenden in Sachen Champagner bezeichnen. Denn mit der Besetzung halb Europas hielten dort auch die liberalen Ideen der Französischen Revolution Einzug. Nicht mehr nur der Adel und die Offiziere tranken Champagner, sondern auch das erstarkende Großbürgertum feierte gerne mit dem französischen Getränk.

Mit der Kontinentalsperre, die Napoleon 1806 als Antwort auf die Seeblockade durch britische Schiffe verhängte und die bis 1813 Bestand hatte, schadete er allerdings auch der eigenen Wirtschaft. Nicht nur die Geschäfte der Veuve Clicquot litten darunter, wie aus dem gut geführten Unternehmensarchiv hervorgeht. Sie allein verlor 50.000 Flaschen Champagner, die per Schiff nach Preußen und Russland geliefert werden sollten. Die Häfen in Belgien waren aber bereits geschlossen. Also wurde die Ware nach Amsterdam gebracht. Doch kurz bevor das Schiff den Hafen Richtung Ostsee verlassen sollte, wurde auch Amsterdam gesperrt. Unter schlechten klimatischen Bedingungen mussten die Flaschen in Speichern gelagert werden – und waren nach einigen Monaten ungenießbar.

Dann kam die Zeit, als Napoleon den Champagner brauchte. Er hatte zwar in den vielen Feldzügen auch schon etliche Niederlagen erlitten und Zigtausende Soldaten verloren. Doch als er 1812 den Angriff auf Russland wagt, wendet sich das Blatt endgültig zu seinen Ungunsten. Auf dem Rückzug wird er von den Koalitionstruppen über den Rhein verfolgt. Preußische und russische Verbände ziehen 1814 auf ihrem Weg Richtung Paris auch durch die Champagne. „Überall wurden die Keller geplündert", schreiben Don & Petie Kladstrup (2009): „Am schlimmsten trifft es Moët, wo 600.000 Flaschen von Soldaten geleert werden." Doch den Chef des Unternehmens schien das nicht wirklich in Panik zu versetzen. „Alle diese Soldaten, die mich jetzt ruinieren, werden in Zukunft mein Glück bedeuten. Ich ließ sie trinken, was sie wollten", soll er Freunden gesagt haben, „sie werden das ihr ganzes Leben nicht vergessen und meine besten Botschafter sein, wenn sie in ihr Land zurückkehren." Er schien recht zu behalten. Der Champagner hatte neue Liebhaber gefunden, darunter den Herzog von Wellington ebenso wie den preußischen König Friedrich Wilhelm III., die Sieger der Schlacht bei Waterloo.

Die Lust auf Wein aus der Champagne spiegelt sich auch in den zahlreichen Neugründungen der Handelshäuser wider. Und der Export schnellt in den darauffolgenden Jahren in die Höhe. Allein nach Russland verkauft Veuve Clicquot 1816 rund 43.000 Flaschen, ein Jahr später waren es bereits 60.000 und 1821 veritable 280.000. Die Auftragsbücher sind so voll, dass die Witwe ihren Kunden 1819 schreiben muss: „Ich habe so viele Aufträge und die Auswahl der Weine ist äußerst begrenzt, so dass ich alle Anfragen von alten Kunden auf die Hälfte reduzieren muss, um überhaupt noch neue Aufträge entgegen zu nehmen." Auch England als traditionell starker Exportmarkt ist wieder geöffnet, und der Champagner gewinnt in Nordamerika immer mehr Liebhaber.

Insgesamt verwundert dieser Boom ein wenig. Denn wirtschaftlich sind die Zeiten nach den Napoleonischen Kriegen und dem Wiener Kongress in Europa alles andere als rosig. Und die Händler müssen sich mit Zöllen aller Art herumschlagen, außerdem sind die Verkehrswege schlecht. Die ersten Eisenbahnen fahren in Frankreich ab 1830, erst 1854 wird die Verbindung zwischen Paris und Reims fertiggestellt. Die Landbevölkerung leidet darüber hinaus unter Armut. 1816, ein Jahr nach dem Ausbruch des indonesischen Vulkans Tambora mit riesigen Aschemassen als das „Jahr ohne Sommer" bezeichnet, sorgt für Überschwemmungen, Ernteeinbußen und damit für Hungerkatastrophen. Besonders betroffen sind die Schweiz, das Elsass, Baden, Württemberg und Bayern. Doch den Champagner-Boom kann dies alles Anfang des 19. Jahrhunderts nicht aufhalten. Von Anfang an war der moussierende Wein nach Champagnerart ein Luxusgetränk für die Aristokratie und die Reichen – und die wussten, wie sie an ihr Lieblingsgetränk kommen, egal, was es kostet.

Mit dem Boom der schäumenden Weine breiteten sich die Anbauflächen in der Champagne immer weiter aus.

# Mythos und modernes Kartell

„Von den großen Weinen Frankreichs ist der Champagner der paradoxeste", zu diesem pointierten Urteil kommt der britische Weinexperte Michael Edwards in dem von Hugh Johnson und Hubrecht Duijker herausgegebenen Atlas der französischen Weine (1998, S. 46). „Vielen Menschen bedeutet er Frohsinn in Flaschen, Euphorie auf Korkenknall; er gilt eher als frivoler oder auch festlicher Genuss denn als ein seriöser Wein. Das übelste Erscheinungsbild wird ihm zuteil, wenn sich Grand-Prix-Rennfahrer gegenseitig mit dem kostbaren Sprudel bespritzen. Hinter dem Schaum aber steckt ein von tüchtigen Perfektionisten in einem ganz besonderen Rahmen hergestellter, komplexer Wein."

Viele Champagnerhäuser besitzen reizvolle Kelleranlagen, die auch besichtigt werden können.

Schon die geographische Lage zwischen dem 48. und dem 49. Breitengrad, rund 150 Kilometer östlich von Paris, war seit den Anfängen eine Herausforderung. Denn in manchen Jahren wurden die Trauben überhaupt nicht reif. Der Klimawandel mit einem Anstieg der Durchschnittstemperaturen von einem Grad in den vergangenen 30 Jahren bekommt dem Champagner dagegen gut, wie die Winzervereinigung angesichts des großen Jahrgangs 2018 mit Genugtuung feststellt. Dazu tragen maßgeblich auch die vorherrschenden Kreideböden bei, die Wasservorräte gut speichern können und für die mineralische Note in den Weinen sorgen. Flächenmäßig ist das Anbaugebiet der Champagne mit rund 34.000 Hektar eine der kleinsten Appellationen d'Origine Controlée (AOC). Sie wurde 1927 festgelegt und verteilt sich auf die vier Regionen Montagne de Reims, Vallée de la Marne, Côte des Blancs und Côte des Bar. Kaum ein Wein ist in der Herstellung so streng reglementiert und kontrolliert wie der Champagner. Das sorgt für hohe Qualität, die sich auch in den Verkaufspreisen niederschlägt. Zugelassen sind lediglich sieben Rebsorten, wobei heute überwiegend Pinot Noir, Meunier und Chardonnay verwendet werden. Arbanne, Petit Meslier, Pinot Blanc und Pinot Gris spielen eine untergeordnete Rolle. Auch die durchschnittliche Pflanzdichte von 8000 Rebstöcken pro Hektar ist festgelegt, der Schnitt der Reben ist seit 1938 per Gesetz geregelt. Die Ernte darf ausschließlich per Hand erfolgen, wofür pro Saison bis zu 120.000 Erntehelfer benötigt werden, die überwiegend aus Osteuropa kommen. Der CIVC legt jedes Jahr für jede Weinbaugemeinde und Rebsorte den Beginn der Weinlese neu fest. Meistens geschieht dies Ende September/Anfang Oktober. Der Höchstertrag ist auf 15.500 Kilogramm Trauben je Hektar festgelegt.

Auch das Pressen der Weine ist seit 1987 genau geregelt: Aus 4000 Kilogramm Trauben dürfen nur 25,5 Hektoliter Most gewonnen werden. Bei der Pressung trennt man die ersten austretenden 20,5 Hektoliter, die „Cuvée", von den folgenden fünf Hektolitern, der „Taille". Beide Mostarten haben jeweils ganz spezifische Eigenschaften: Die Cuvée enthält besonders reinen Saft aus dem Fruchtfleisch und ist sehr zucker- und säurehaltig (Wein- und Apfelsäure). Cuvée-Weine sind äußerst vielschichtig, und ihre subtilen Aromen hinterlassen eine angenehme Frische am Gaumen. Sie lassen sich gut lagern. Die Taille ist ebenfalls sehr zuckerhaltig, liefert jedoch weniger Säure. Stattdessen ist sie reich an Mineralsalzen (insbesondere Kalium) und Farbstoffen. Der vorgeklärte Most wird gegebenenfalls durch Beigabe von Zucker chaptalisiert, wobei der Alkoholgehalt am Ende des rund vier Wochen dauernden Gärungsprozesses nicht über elf Prozent liegen darf.

Doch diese z.T. sehr restriktiven Vorgaben sind nicht die einzigen Gründe, warum Champagner so teuer ist. Die Champagnerhäuser lagern in guten Jahren einen Teil der Ernte als Reserve ein, um bei ertragsschwachen oder qualitativ minderwertigen Ernten (z.B. infolge von Frost- oder Hagelschäden) darauf zurückgreifen zu können. Aus diesem Grund lagern in den Kellern der Champagne riesige Mengen an Wein teilweise bis zu zehn Jahre lang, die nicht unmittelbar vermarktet werden und deswegen Kapital binden. Das aber wiederum ermöglicht den Herstellern den kreativen Akt der „Assemblage“.

Alte Champagnervorräte im Keller des Hauses Bollinger in Ay reichen bis in die Gründerjahre zurück.

Assemblage
Bei der Zusammenstellung der Stillweine für einen Champagner lassen sich mehrere Dutzend Lagen kombinieren, und es gibt eine Vielzahl von Möglichkeiten, unterschiedliche Jahrgänge und Rebsorten zu „vermählen". Damit eine Assemblage gelingt, bedarf es langjähriger Erfahrung. Der „Assembleur" muss sich sehr gut mit den verschiedenen Terroirs auskennen und auf einen großen praktischen Erfahrungsschatz in Form unzähliger Champagne-Verkostungen zurückblicken können. Darüber hinaus spielen Kreativität und ein untrügliches sensorisches Gedächtnis eine große Rolle. Außerdem muss der Assembleur in der Lage sein, die weitere Entwicklung des Weins vorauszusehen. Die Schaumbildung und die Reifung auf der Hefe, die nach der Assemblage erfolgen, werden die Eigenschaften des Weins nämlich deutlich verändern. Vor der Assemblage entscheidet der Erzeuger, welche Art von Champagner kreiert werden soll: ein „Champagne" verschiedener Jahrgänge (unter Verwendung von Reserveweinen), ein „Millésime" (Jahrgangs-Champagner zur Hervorhebung eines besonders guten Jahrgangs), ein „Assemblage-Rosé" (mit einem Anteil rotem Stillwein der Champagne), ein „Blanc de Blancs" (ausschließlich weiße Trauben), ein „Blanc de Noirs" (ausschließlich rote Trauben) oder ein „Monocru" (aus einer einzigen Lage).

Hinzu kommt eine weitere Eigenart. Die großen Champagnerhäuser besitzen nur etwa 15 Prozent der Anbaufläche des Champagners, stellen aber zwei Drittel der Absatzmenge. Den größten Teil ihrer Trauben müssen sie daher zukaufen. Diese kommen von den über 14.000 Winzern der Champagne, die teilweise weniger als einen Hektar Rebfläche besitzen. Bis 1999 wurden die Traubenpreise nach einem festen Schema ermittelt: Von den „Courtiers" genannten Traubenmaklern wurde ein Richtpreis pro Kilogramm ausgehandelt, der ungefähr bei 30 Prozent des Preises einer Flasche Champagner lag. Je nach Qualitätspotenzial seiner Rebflächen bekam der Winzer für die Trauben einen festen Prozentsatz des Richtpreises. Diese Einstufung der Lagen folgte Erfahrungswerten und wurde 1911 zum ersten Mal schriftlich fixiert. Die mit 100 Prozent eingestuften Gemeinden dürfen die Bezeichnung „Grand Cru" führen (ca. 14 Prozent der Gesamtfläche). Zwischen 90 und 99 Prozent gilt eine Gemeinde als „Premier Cru". Von den zurzeit 324 Weinbaugemeinden der Champagne sind 17 als „Grand Cru" und 44 als „Premier Cru" eingestuft. 1999 wurde dieses Verfahren jedoch außer Kraft gesetzt, die Häuser handeln mit den Traubenlieferanten meist mehrjährige Verträge aus, was einen weiteren Anstieg der Traubenpreise zur Folge hatte. 2006 kostete ein Kilogramm Trauben von Grand Crus 6,20 Euro gegenüber 4 Euro im Jahr 2000. Trauben aus durchschnittlichen Lagen wurden 2006 zwischen 4,50 und 5 Euro pro kg gehandelt. Davon können Winzer in anderen europäischen Anbauzonen nur träumen. In Deutschland beispielsweise kostet ein Kilo Trauben derzeit etwa 1,50 Euro.

Für die Lese in der Champagne, die von Hand erfolgen muss, werden jedes Jahr Tausende von Erntehelfern gebraucht.

### Die zweite Gärung

Champagner durchläuft nach der Assemblage und der ersten Gärung in einem Tank immer eine zweite Gärung – und zwar in der Flasche, in der er später auch verkauft wird. Dabei wird dem Wein eine Fülldosage („Liqueur de Tirage“), die aus Zucker, Hefe und Hilfsstoffen, die das Rüttelverfahren unterstützen, zugegeben. Je länger die Weine nach dieser zweiten, sogenannten Flaschengärung lagern, desto feiner wird die Perlage, der Schaum, der gerne auch „Mousseux“ genannt wird. In diesem wichtigen Stadium der Weinbereitung spielen die Keller mit ihrer konstanten Temperatur von etwa zwölf Grad eine entscheidende Rolle. Die Mindestdauer beträgt 15 Monate vom Flaschenabzug bis zum Versand, davon obligatorische zwölf Monate auf der Hefe. Die Mindestreife dauert für Jahrgangs-Champagner drei Jahre. Diese gesetzliche Mindestdauer, die im Vergleich zu anderen Schaumweinen lang ist, wird in der Realität in der Champagne meist noch deutlich verlängert: Im Mittel reifen Cuvées ohne Jahrgang zwei bis drei Jahre und Jahrgangs-Champagner meist vier bis zehn Jahre.

Jahrelange Reife auf der Hefe verleiht dem Champagner die typischen Aromen.

Wenn das Ende der Reife gekommen ist, werden die Flaschen langsam von der horizontalen Lagerung in einen Winkel gebracht, der es erlaubt, das restliche Hefedepot aus der Flasche zu befördern. Früher – und in kleinen Betrieben auch noch heute – wurden die Flaschen von Hand in den entsprechenden Winkel gerüttelt. Meist aber passiert dies mit Gyro-Paletten, wo eine ganze Palette an Flaschen in die richtige Position gebracht wird. Auf diese Weise kann das Rüttelverfahren von sechs Wochen auf eine Woche verkürzt werden. Die Köpfe der Flaschen werden dann kurzfristig auf minus 27 Grad vereist, und die Hefe wird als Pfropfen aus der Flasche befördert. Danach wird die Flasche wieder aufgefüllt, und zwar mit dem Süßegrad, den der Schaumwein haben soll. Diese sogenannte Versanddosage („Liqueur de Dosage") liegt bei null bis weit über 50 Gramm Süße pro Liter. Bei null bis sechs Gramm spricht man von „extra brut". Mit Abstand am häufigsten ist der „brut", der zwischen sechs und zwölf Gramm liegt. Im Laufe der Zeit sind die Schaumweine, allen voran der Champagner, immer trockener geworden. Daher sind die Bezeichnungen etwas irreführend. Denn ein „extra dry" hat immerhin einen Süßegehalt von zwölf bis 17 Gramm, ein „dry" von 17 bis 32 Gramm. Bei der Bezeichnung „demi-sec" oder „halbtrocken" hat man 32 bis 50 Gramm Süße pro Liter, während ein „doux" Champagner bei mehr als 50 Gramm liegt – was in den Anfängen der Champagnerproduktion der normale Süßegrad war. Auch hochwertige Sekte, Crémants, Cava und Spumante durchlaufen diese zweite Gärung auf der Flasche.

Wie erkennt man, welche Herkunft der Champagner hat? Folgende Angaben auf Etikett oder Korken geben Auskunft:

NM = Négociant Manipulant. Hierbei handelt es sich um ein Unternehmen, das Trauben oder Grundweine kauft, um daraus im eigenen Betrieb Champagner herzustellen und unter eigener Marke zu verkaufen. Alle großen Champagnerhäuser gehören zu dieser Kategorie.

RM = Récoltant Manipulant. Champagnerwinzer, der nur eigene Trauben im eigenen Betrieb verarbeitet und verkauft.

RC = Récoltant Coopérateur. Genossenschaftswinzer, der von seiner Genossenschaft Weine zum weiteren Ausbau oder verkaufsfertig zurückgeliefert bekommt.

CM = Coopérative de Manipulation. Winzergenossenschaft, die im Genossenschaftsbetrieb aus den Trauben ihrer Mitglieder Champagner herstellt und diesen vermarktet.

SR = Société de Récoltants. Winzervereinigung, die Weine aus der Ernte ihrer Gesellschafter, die miteinander verwandt sind, verarbeitet und vermarktet.

ND = Négociant distributeur. Vertriebsgesellschaft, die verkaufsfertig ausgebauten Champagner kauft, die Flaschen im eigenen Betrieb ausstattet und sie unter eigener Marke vertreibt.

MA = Marque Acheteur. Handelsmarke, die nicht dem Erzeuger, sondern einem Dritten gehört.

# Die deutschen Einwanderer kommen

„Es gibt hier tatsächlich keinen einzigen Weinbetrieb in der ganzen Champagne, der nicht mehr oder weniger unter dem Einfluss eines in Deutschland Geborenen steht. Sollte der offizielle Inhaber zufällig ein Franzose sein, so tut er gut daran, einen Partner oder einen Bürochef aus diesem Land zu haben." Das schreibt im Jahr 1867 der ehemalige amerikanische Konsularagent Dr. Robert Tomes in seinem Buch „The Champagner Country" und fügt ein wenig boshaft hinzu: „Es gab jedoch ein Champagner-Haus, das ausschließlich von Franzosen kontrolliert wurde. Während meiner Zeit in Reims ging es bankrott, und es wurde allgemein bemerkt, es sei aus Ermangelung eines Deutschen zugrunde gegangen" (Tomes, 2009).

Letztere Beobachtung war sicherlich übertrieben. Aber richtig ist auf jeden Fall, dass in den rund 100 Jahren vor Erscheinen von Robert Tomes' Buch eine Welle von deutschen Einwanderern in der Champagne zu verzeichnen ist. Wanderlust und Fernweh locken sie in ein politisch, wirtschaftlich und kulturell interessantes Land, während sie in den deutschen Kleinstaaten in mehrfacher Hinsicht oft an die Grenzen ihrer Entwicklungsmöglichkeiten stoßen. Ihr Erfolg in der Champagne wird in der Literatur auf ihre kaufmännischen Fähigkeiten und die Bereitschaft zurückgeführt, die französische Sprache zu erlernen und sich an die kulturellen Eigenarten anzupassen. Die meisten der Einwanderer, von denen hier die Rede ist, heiraten später in französische Familien ein und nehmen die französische Staatsbürgerschaft an. Folgen wir also den Spuren der Deutschen in den einzelnen Champagnerhäusern.

Veuve Clicquot-Ponsardin

Eines der ersten Champagnerhäuser, in dem deutsche Einwanderer eine bedeutende Rolle spielen, ist das von Barbe-Nicole Ponsardin. Die älteste Tochter eines reichen Tuchhändlers wird 1777 geboren. Die Großmutter mütterlicherseits war eine geborene Ruinart, insofern sind ihr die Verbindungen zum Weinbau bereits in die Wiege gelegt worden. 1798 heiratet sie François Clicquot, der aus ebenso wohlhabendem Hause stammt. Beide beschließen, in den Anbau und Handel mit Wein einzusteigen. Einer, der daran maßgeblich beteiligt ist, heißt Louis Bohne, ein Handelsreisender, der aus Mannheim stammt. Er wird als Mann beschrieben, der ein halbes Dutzend Sprachen spricht und eine außergewöhnliche Geschäftstüchtigkeit hat.

Nach dem frühen Tod ihres Mannes im Jahr 1806 bleibt Bohne an der Seite von Barbe-Nicole Cliquot-Ponsardin, reist durch halb Europa und sorgt dafür, dass die Witwe das Unternehmen weiterführen und zu einem der bekanntesten Champagnerhäuser ausbauen kann. Er macht in Preußen gute Geschäfte und erschließt vor allem den lukrativen russischen Markt.

Einer der ersten Kellermeister im Hause Cliquot-Ponsardin ist der bereits erwähnte Anton von Müller. Der Mann von Adel wird 1788 im schwäbischen Marktoffingen im Donauries geboren. 1810 tritt er in die Dienste der Witwe.

Barbe-Nicole Clicquot-Ponsardin beschäftigte in ihrem Champagnerhaus viele Mitarbeiter aus deutschen Ländern.

Er nimmt die französische Staatsbürgerschaft an, nennt sich Antoine de Muller und gründet nach der Heirat mit der Tochter des Champagnerfabrikanten Nicolas Ruinart 1822 sein eigenes Unternehmen Ruinart-de Mueller. Sein Nachfolger bei der Witwe Clicquot wird ein Johann Friedrich Jost, der ebenfalls aus Deutschland stammt.

1807 erscheint ein junger Deutscher aus Heilbronn auf der Bildfläche, der in der Buchhaltung der Witwe eine Anstellung findet: Georg Christian Kessler. Sein Vorgesetzter ist Johann Peter Vogt, mit im Kontor sitzt Josef Heinrich Glöcklen. Ein Jahr später erhält Kessler bereits Prokura. Bohne und Kessler schaffen es, das Haus aus der kritischen Lage zu befreien, in die es – wie die gesamte Branche – durch die Napoleonischen Kriege geraten war. Es gelingt ihnen 1815 sogar, mehrere Tausend Flaschen an der Kontinentalsperre vorbei nach Russland zu transportieren und dort zu horrenden Preisen zu verkaufen. Ob Kessler mit der Witwe Clicquot über das

Geschäft hinaus eine sexuelle oder Liebesbeziehung verbindet – darüber wird immer wieder spekuliert. Dagegen spricht eigentlich, dass Kessler 1819 die Tochter aus einer angesehenen Tuchhändlerdynastie in Sedan heiratet. Er gehört jetzt zur wirtschaftlichen Elite in Reims. Dass aber vielleicht doch private Gründe im Spiel waren, dafür spricht die Tatsache, dass Madame Clicquot Kessler 1821 die Teilhaberschaft am Unternehmen in Aussicht stellt und ihm zum 20. Juli 1824 „für die großen geleisteten Dienste" das gesamte Vermögen verspricht. Doch dazu kommt es dann doch nicht. Was genau in diesen drei Jahren passiert, in denen sich das Verhältnis zwischen Kessler und der Witwe merklich abkühlt, darüber findet man unterschiedliche Angaben. Einige Quellen sagen, Kessler habe sich bei der Gründung der Privatbank „Veuve Clicquot-Ponsardin & Cie." verspekuliert. Andere sagen, die über hohe Darlehen finanzierte Investition in eine Kammgarnspinnerei im heimischen Esslingen und der Kauf des Gutes Neuhof in Oedheim bei Heilbronn mit umfangreichen Weinbergen, wo 1825 die ersten moussierenden Weine aus heimischen Trauben hergestellt wurden, hätten die beiden entzweit. Im Mai 1826 wird die Trennung notariell fixiert: Kessler scheidet als Teilhaber am Champagner- und Bankgeschäft aus und erhält dafür die Esslinger Fabrik und das Gut Neuhof. Er kehrt Reims den Rücken und gründet im Juli in Esslingen das heute älteste deutsche Sekthaus.

Möglicherweise steckt aber auch der Nachfolger dahinter, dass Kesslers Ausflug in die Champagne nach 20 Jahren in Unfrieden endet. Er heißt Matthäus Eduard Werle, 1801 in Wetzlar geboren – also wieder ein Deutscher. Werle bekommt 1821, also noch zu Kesslers Zeiten, eine Anstellung als Praktikant im Hause Veuve Cliquot-Ponsardin. Bereits kurz darauf übernimmt er nach Antoine de Mullers Weggang die Aufgabe des Kellermeisters. Sein Aufstieg geht schnell weiter, während Kesslers Stern allmählich sinkt. 1828 holt er sein Patenkind Ignaz Schweickart aus Hochheim am Main, einen gelernten Küfer, nach Reims. (Der wiederum wird bereits 1830 durch die Julirevolution wieder aus Frankreich vertrieben, kehrt zurück nach Deutschland und gründet einige Jahre später mit Carl Burgeff zusammen eine Sektkellerei.) Werle wird 1831 mit einem Anteil von 50 Prozent Gesellschafter des Unternehmens Veuve Clicquot-Ponsardin, nicht zuletzt, weil er die firmeneigene Bank zum Teil mit eigenem Kapital vor dem Bankrott rettet. Er wird Franzose, nennt sich fortan Mathieu Édouard Werlé und schlägt parallel dazu eine Politikerkarriere ein, wird Stadtrat und Bürgermeister von Reims und Abgeordneter in der Nationalversammlung. 1841 wird er alleiniger Chef des Unternehmens, später geht es ganz in den Besitz seiner Familie über, während sich Barbe-Nicole auf Château de Boursault zurückzieht, wo sie von ihrem Reichtum bis zu ihrem Tod 1866 überaus gut leben kann. Nicht etwa ihre Tochter Clementine erbt das Unternehmen, sondern der deutschstämmige Édouard Werlé. Zu diesem Zeitpunkt ist der Champagner aus dem Hause Veuve Clicquot schon weltberühmt.

Eduard Werle, in Wetzlar geboren, erbte das Champagnerhaus der Veuve Clicquot in Reims.

Piper-Heidsieck

Wir gehen noch mal zurück in das Geburtsjahr der Witwe Clicquot 1777. In Nordamerika tobt der Bürgerkrieg. In deutschen Fürstentümern werden Tausende von Soldaten als Söldner zur Unterstützung der englischen Truppen rekrutiert. Ob Florenz-Ludwig Heidsieck deswegen beschließt, lieber nach Frankreich auszuwandern, ist nicht bekannt. Geboren wird er 1749 in Borgholzhausen bei Bielefeld, im Alter von 15 Jahren beginnt er eine Lehre in Lübeck – also alles ziemlich weit weg von der Champagne und vom Wein. 1777 lässt er sich jedenfalls in Reims nieder und nimmt dort auch bald die französische Staatsangehörigkeit an, nennt sich Florens-Louis. Er heiratet die Tochter eines vermögenden Textilunternehmers und gründet 1785 mit seinem Sohn ein eigenes Champagnerhaus. Doch der Sohn stirbt früh, und deswegen holt Heidsieck nach und nach seine noch in Deutschland lebenden Neffen in sein Unternehmen. Als Florens-Louis Heidsieck 1828 stirbt, übernehmen sie sein Unternehmen. Sie geraten aber bald in einen Streit über das Erbe und trennen sich 1834 – der Ursprung dafür, dass es bis heute drei Champagnerhäuser gibt, die den Namen Heidsieck tragen: Heidsieck & Co Monopole, Piper-Heidsieck und Charles Heidsieck.

Charles Heidsieck brachte den Amerikanern den Champagner näher und sich damit in Gefahr.

Ohne Charles-Camille Heidsieck, den Großneffen des Firmengründers, wären die Amerikaner nicht so schnell in den Genuss von Champagner gekommen. „Der kleine Charles wächst inmitten von Weintrauben auf, in einer von den Reimser Traditionen und preußischer Strenge geprägten Familie", heißt es in der Firmengeschichte. Er gründete 1851 mit seinem Schwager eine eigene Champagnerfirma und hatte als Exportmarkt vor allem Nordamerika im Auge. Bereits bei seiner zweiten Reise brachte er in einem Handelsschiff 300.000 Flaschen mit und tingelte damit insbesondere durch den Süden des Landes. Die Amerikaner waren entzückt von dem Produkt und dem lebenslustigen französischen Unternehmer, der zwischendurch auf Büffeljagd ging und in den Saloons mit den Barmädchen rumhing. Schnell hatte er seinen Spitznamen weg: Champagner Charlie.

Doch 1861 rutschte er in den amerikanischen Bürgerkrieg, seine Schuldner konnten plötzlich ihre Rechnungen nicht mehr bezahlen. Er geriet zwischen die Fronten und bei den Nordstaatlern unter Spionageverdacht, wurde für Monate ins Gefängnis Fort Jackson im Mississippi-Delta gesperrt. Die heimische Firma steuerte auf den Bankrott zu. Seine Freiheit soll er vor allem der Intervention des damaligen US-Präsidenten Abraham Lincoln zu verdanken haben. Und wie durch ein Wunder erhielt er von einem Mann, dem er zuvor Geld geliehen hatte, einen Teil davon in Form von Grundstücken zurück – in einem entlegenen Ort, den zuvor kaum ein Mensch kannte, der sich dann aber schnell als die Boom-Town Denver entpuppte. Plötzlich war Champagner Charlie wieder vermögend, auch der Champagner Charles Heidsieck war gerettet. Eine abenteuerliche Geschichte, über die die Zeitungen ausführlich berichteten. 1870 erscheint bereits das erste Musical „Champagne Charlie", es folgen Bücher und mehrere Verfilmungen des Stoffes, zuletzt 1989 mit Hugh Grant in der Hauptrolle („Charles Heidsieck – Ein Leben, berauschend wie Champagner").

Das Musical über die Abenteuer von Champagner Charlie wurde 1866 in Leeds uraufgeführt.

Mumm

Die Geschichte des Champagnerhauses Mumm beginnt im Rheingau und auch mit einem großen Namen der Weltgeschichte: Napoleon. Dieser hatte 1806 bei seinem Feldzug gegen Preußen Schloss Johannisberg praktisch im Vorüberziehen in seinen Besitz gebracht und seinem Marschall Kellermann, dem Herzog von Valmy, geschenkt. Kellermann lässt den Johannisberg von einer Frau verwalten, Adelaide Marco, die 1807 einen sehr guten Jahrgang erntet. Doch von 1808 bis 1810 folgt eine schlechte Weinernte der anderen. Da kommt im Frühsommer 1811 ein unternehmungslustiger Weinhändler namens Gottlieb Mumm aus dem Hause der Frankfurter Bankiers- und Handelsfamilie P. A. (Peter Arnold) Mumm mit einem verwegenen Angebot gerade recht, die gesamte nächste Weinernte des Jahres 1811 von Schloss Johannisberg zu erwerben. Marco ist froh, denn die gebotenen 32.000 Gulden sind viel für eine Ernte, deren Qualität noch in den Sternen steht. Doch Gottlieb Mumm hat das Glück des Wagemutigen: Die Lese des Jahres 1811 geht als „Kometen-Ernte" in die Weingeschichte des Rheingaus (und auch der Champagne) ein – sie war eine der besten im 19. Jahrhundert. Und mit 50 Fässern von je 1200 Litern der vorzüglichen Johannisberger Riesling-Lagen hat der Weinhändler und Bankier ein glänzendes Geschäft gemacht, nämlich 150.000 Gulden. Den Gewinn investiert Mumm wiederum gewinnbringend in neue Weinberge auf dem Johannisberg – und in der Champagne.

LE CHAMPAGNE. - Enlèvement, chez MM. G. H. MUMM & Cie, à Reims, des Vins de Champagne pour l'expédition

Zusammen mit seinen Brüdern Jacobus und Philipp sowie den aus Köln stammenden Geschäftsleuten G. Heuser und Friedrich Giesler gründet er 1827 in Reims die Gesellschaft P. A. Mumm Giesler und Co. Zu Beginn besitzen sie keine eigenen Weinberge und kaufen die Trauben ein. Sie legen großen Wert auf Qualität und wählen nur aus den besten Lagen. Der Erfolg bestätigt sie, die Weine von P. A. Mumm verkaufen sich außergewöhnlich gut und werden sehr schnell im europäischen Markt bekannt. Vom ersten Jahr an geht nahezu die gesamte Produktion ins Ausland, in Frankreich werden nur 771 Flaschen verkauft. Dem erfolgreichen Start folgt rasch die Spaltung. 1852 entscheidet die Familie, die Gesellschaft in Jules Mumm & Co und G. H. Mumm & Co zu teilen. Jules Mumm & Co schließt 1903 seine Pforten, während G. H. Mumm & Co einen bemerkenswerten Aufschwung erlebt und sich zu einem weltweit bekannten Unternehmen entwickelt, nicht zuletzt mit dem „Cordon Rouge", der an das rote Band des alten königlichen Militärordens Saint Louis erinnert. Es werden Weinberge in den besten Lagen gekauft, die Keller vergrößert, und der Maschinenpark wird modernisiert. In den Jahren zwischen 1879 und 1913 steigen die Verkaufszahlen von 600.000 auf drei Millionen Flaschen pro Jahr.

Der Erste Weltkrieg beschert G. H. Mumm eine schwere Zeit. 1914 wird Hermann Mumm, wie viele andere in Frankreich tätige Deutsche, in der Bretagne interniert und bleibt dort bis zum Ende des Krieges. Das Unternehmen wird unter Zwangsverwaltung gestellt. 1920 bietet der Staat das Unternehmen, sein Vermögen und die Marke mittels Versteigerung zum Verkauf an. Erwerber ist die Gesellschaft Optorg. Kurze Zeit später wird das Haus dann nach 1941 wieder deutsch und von einem Mitglied der Familie Mumm geführt. Nach Abzug der deutschen Truppen gewinnt das Unternehmen seine französische Identität zurück.

Bollinger

Joseph Jacob Bollinger wird 1803 in Ellwangen an der Jagst geboren. 1822 packt er seine sieben Sachen, geht in die Champagne und beginnt, für Müller-Ruinart zu arbeiten – bei jenem Antoine de Muller, der einst bei der Veuve Clicquot die Geschicke geleitet und sich dann selbstständig gemacht hatte. Jacob Bollinger diente ihm sieben Jahre lang äußerst erfolgreich als Handelsvertreter in Deutschland. 1829 gründet er in Ay zusammen mit Athanase-Louis-Emmanuel Hennequin, Comte de Villermont, und Paul Leviex Renaudin ein eigenes Champagnerhaus. Eine wichtige Bedingung des Grafen war dabei, dass nirgendwo im Handel sein adliger Name erscheinen darf. Renaudin verlässt die junge Firma wenige Jahre später. Und als Bollinger 1837 auch noch die Tochter des Grafen, Louise-Charlotte de Villermont, heiratet, ist er Chef im Hause. 1854 wird er durch Einbürgerung französischer Staatsbürger. Als Joseph Jacob 1884 stirbt, führen seine Söhne Joseph und Georges das Unternehmen erfolgreich weiter. Zudem wird zu ihrer Zeit das Haus Bollinger als offizieller Lieferant des königlichen Hofes in England geehrt.

Ein weiterer Jacques Bollinger, der Enkel des ursprünglichen, legendären Jacques Bollinger, übernimmt 1918 die Leitung des Unternehmens. Nach seinem Tod im Jahr 1941 führt seine Frau Lily das Unternehmen in den schwierigen Jahren der deutschen Besetzung weiter.

Die Wehrmacht beschlagnahmt nicht nur das Gebäude des Hauses Bollinger, sondern im gleichen Zuge auch 178.000 Flaschen des vorrätigen Champagners. Champagner wird trotz der schwierigen Umstände aber weiter produziert. Von Lily Bollinger, die nach dem Krieg rastlos durch die Welt tourt und die Champagner ihres Haus promotet, stammt im Übrigen das berühmte Zitat aus einem Interview mit der „Daily Mail" im Jahr 1961:

„Ich trinke ihn, wenn ich glücklich bin und wenn ich traurig bin. Manchmal trinke ich ihn, wenn ich alleine bin. Habe ich Gesellschaft, so sehe ich ihn als obligatorisch an. Ich tendele mit ihm, wenn ich nicht hungrig bin, und trinke ihn, falls ich es doch bin. Ich fasse ihn nicht an – außer ich bin durstig."

Eine Seltenheit stellen die Champagner der Bollinger Vieilles Vignes Françaises (alte französische Rebstöcke) dar. Als Anfang des 20. Jahrhunderts in der Champagne die Reblaus für eine nahezu völlige Zerstörung der Reben sorgt, überleben nur zwei Weinberge diese Katastrophe; der Chaudes Terres und der Clos St Jacques, beide im Besitz von Bollinger und als Grand Cru klassifizierte Einzellagen in Ay. Die dortigen Pinot-Noir-Reben sind somit die wohl ältesten in der gesamten Champagne. Anlässlich ihres 70. Geburtstages kreierte Madame Lily Bollinger 1969 zum ersten Mal diesen Vieilles-Vignes-Champagner. Bis er Jahre später dann getrunken werden konnte, hatte die stark limitierte Kollektion von 3000 handnummerierten Flaschen unter den Weinkennern längst Sammlerstatus erlangt. Aktueller Marktpreis für den jüngsten Jahrgang 2005: knapp 1000 Euro pro Flasche.

Lily Bollinger, Chefin des Hauses von 1941 bis 1971, wurde durch ihre werbewirksamen Auftritte weltweit bekannt.

Joseph Jacob Bollinger stammte aus Ellwangen an der Jagst und gründete 1829 mit zwei französischen Partnern ein Champagnerhaus.

Deutz/Geldermann

Mit dem Haus Bollinger ist eine weitere deutsche Geschäftsgründung eng verbunden. William Deutz und sein Kompagnon Peter Geldermann sind Anfang des 19. Jahrhunderts eine Weile als Verkäufer des Bollinger-Champagners unterwegs. Fasziniert von Landschaft und Lebensart der Franzosen, lassen sich die beiden Jungunternehmer bald in Ay nieder und gründen schließlich im Jahre 1838 das Unternehmen „Deutz und Geldermann". Anfangs besitzen sie keine Reben, sondern kaufen Cuveés, die sie degorgieren, mit Dosage auffüllen und etikettieren. Das Geschäft blüht, und als René Deutz und Alfred Geldermann das Unternehmen Ende der 1860er-Jahre von ihren Vätern erben, ist der Champagner-Absatz über Jahre regelmäßig gestiegen. Später heiratet Alfred Geldermann Marie Deutz, die Schwester von René Deutz, womit die Bindung zwischen den beiden Partnern noch vertieft wird. Der Aufschwung dank der Geschäfte mit England, Deutschland und Russland geht weiter. 1882 wird Deutz & Geldermann eines der Gründungsmitglieder des Syndicat des Grandes Marques.

1906 übernehmen René Lallier, der Schwiegersohn von René Deutz, und Charles Van Cassel, der Schwiegersohn von Marie Deutz-Geldermann, die Leitung des Hauses. Die Firma Deutz hatte während dieser dritten Generation mit vielen Schwierigkeiten zu kämpfen. Während der Winzeraufstände im April 1911 wurden ein Großteil des Champagner-Lagers und gut die Hälfte des oberhalb der Firma gelegenen Rebberges zerstört. Zum Glück war René Lallier gegen diese Schäden versichert. Als teure Zölle die Einfuhr nach Deutschland immer mehr erschweren, wird 1904 im damals zu Deutschland gehörenden elsässischen Haguenau eine Dependance der Kellerei Deutz & Geldermann gegründet. Dorthin werden französische Grundweine importiert und ebenfalls nach dem traditionellen Verfahren versektet. Als nach dem Ersten Weltkrieg das Elsass französisch und damit die Zollgrenze an den Rhein verlegt wird, findet der deutsche Zweig des Unternehmens seinen endgültigen Standort schließlich im badischen Breisach, nicht zuletzt wegen der über 600 Jahre alten und bereits erschlossenen, unter dem Breisacher Schlossberg gelegenen Keller, die optimale Bedingungen für die Sektreife bieten. Die offizielle Gründung erfolgt am 17. April 1925.

William Deutz hatte sein Handwerk im Hause Bollinger gelernt.

2017 vollzieht Geldermann einen umfassenden Relaunch, um sich auf dem deutschen Markt als traditionelle Sektmarke mit Champagnertradition zu vermarkten.

Johann-Joseph Krug

Als Johann-Joseph Krug im Jahr 1800 in Mainz geboren wird, lernt er die französische Lebensart von klein auf kennen. Denn die linksrheinischen Gebiete des Deutschen Reiches gehören seit 1797 zu Frankreich. Die Franzosen wollen die Hauptstadt ihres Departements du Mont Tonnerre für immer an sich binden und führen in der Stadt ihre Kultur und ihre Sprache ein. Krug fühlt sich vielleicht bereits als kleiner Franzose, als er 1834 in die berühmte Champagnerkellerei Jacquesson in Châlons-en-Champagne eintritt. Bald ist er dort stellvertretender Direktor.

1841 heiratet Krug die Schwägerin des Chefs, siedelt zwei Jahre später nach Reims über und beginnt, mit einem Partner zusammen auf eigene Rechnung mit Weinen zu handeln. Zwei Jahre später startet die eigene Schaumweinproduktion in zunächst gemieteten Räumen. Der Firmengründer stirbt 1866. Nach kurzer Interimsverwaltung durch die Mutter wird sein einziger Sohn Paul sein Nachfolger. Unter dessen Leitung entstehen 1874 in der Rue Coquebert jene Gebäude, die heute immer noch Geschäftssitz des Unternehmens sind. Unter Pauls Führung entwickelt sich das Unternehmen zu einem der führenden Champagnerhäuser.

Als Johann-Joseph Krug, Gründer des Champagnerhauses Krug, 1800 in Mainz geboren wurde, waren die linksrheinischen Gebiete ein Teil Frankreichs.

Taittinger

Die Familie Taittinger fühlt sich nach eigenen Aussagen durchaus den deutschen Einwanderern zugehörig – was ja auch ein Qualitätssiegel ist –, und man hat in diesem Traditionshaus auch nichts dagegen, wenn der Name deutsch ausgesprochen wird. Eigentlich stammten die Vorfahren aus Österreich, aus dem „kleinen Schwertadel" (Taittinger, 1997), wie Claude Taittinger es in seinen Memoiren ausdrückt, leben danach eine Zeit lang in Koblenz, ziehen von dort aus nach Lothringen. 1872, nach dem verlorenen Krieg gegen Deutschland, wird die Familie aus Silly-sur-Nied, zwischen Metz und der Grenze zum Saarland gelegen, vertrieben und flüchtet in die Pariser Gegend. Im Frankfurter Friedensvertrag musste Frankreich Elsass und Lothringen an Deutschland abtreten. Das Abkommen sah vor, dass alle Bewohner der überlassenen Gebiete, wenn sie die französische Staatsangehörigkeit behalten wollten, unverzüglich ihren Wohnsitz verlassen mussten. „Wie hundertfünfzigtausend andere Elsässer und Lothringer entschied sich die Familie Taittinger am 29. September 1872 dafür, unserem Vaterland seine Treue zu beweisen ... Durch ihr Opfer sind wir an diesem Tag zum zweiten Mal Franzosen geworden" (Taittinger, 1997).

Gegründet wird das Haus unter dem Namen Taittinger erst relativ spät, im Jahre 1932. Pierre-Charles Taittinger kauft zusammen mit seinem Schwager das Haus Forest & Fourneaux, das später mit der Veuve Clicquot eine Partnerschaft einging, und das dazugehörige Château de la Marquetterie in

Pierry bei Épernay. Taittinger hatte das Schloss während des Ersten Weltkrieges entdeckt. Der französische Oberbefehlshaber Marschall Joffre hatte hier sein Hauptquartier. Pierre-Charles Taittinger kam als junger Offizier, der 1915 in vorderster Front gegen die Deutschen gekämpft hatte, nach Château de la Marquetterie und verliebte sich in das traditionsreiche kleine Schloss, zumal es von Weinbergen umgeben ist – eine Seltenheit für die großen Champagnerhäuser, die ihren Sitz meist in Reims, Épernay oder Ay haben und deren Anbauflächen weit über die Champagne verteilt sind.

Dass das Haus Taittinger heute immer noch (oder besser: wieder) als Familienunternehmen existiert, grenzt fast an ein Wunder. Nach einem Streit unter den Erben wurde 2005 die 1970 gegründete Taittinger Group, zu der einer der größten europäischen Hotelkonzerne gehörte, für rund 2,1 Mrd. Euro an den US-Finanzinvestor Starwood Capital verkauft. Die Amerikaner waren aber hauptsächlich an den Hotels und nicht so sehr am Geschäft mit dem Champagner interessiert und wollten diesen Teil, für den es etliche Interessenten gab (darunter die Unternehmensgruppe Pernod-Ricard, zu der die Champagnerhäuser Mumm und Perrier-Jouët gehören), möglichst schnell wieder verkaufen. Doch letztlich obsiegte der Kampfgeist von Pierre-Emmanuel Taittinger, ein Enkel des Firmengründers Pierre Taittinger, der diese Sparte unbedingt in Familienbesitz zurückholen wollte. 2006 hatte er es mithilfe der Bank Crédit Agricole geschafft – ganz im Sinne seines Onkels Claude, der in seiner Autobiographie den Egoismus internationaler Konzerne kritisiert, die sich in die Champagne einkauften: „Wir, d.h. die Familienunternehmen mit Tradition, waren der Meinung, dass unser althergebrachter Beruf dabei einen Teil seiner Seele verlor, und wir sagten es, sooft wir konnten." Heute erholt sich das Unternehmen langsam von diesen Turbulenzen und gehört mit seinen 290 Hektar eigenen Weinbergen in besten Lagen, die rund die Hälfte der für die Jahresproduktion benötigten Trauben liefern, zu den mittelgroßen Häusern mit gutem Potenzial. Pro Jahr werden rund sechs Millionen Flaschen verkauft. Pierre-Emmanuel Taittinger engagierte sich dafür, dass markante Punkte der Champagne 2015 in die Welterbeliste der UNESCO aufgenommen werden, und ist Präsident der Association Viticole Champenoise, der Winzervereinigung der Champagne.

Louis Roederer

Louis Roederer wird auch gerne als deutschstämmiger Gründer eines berühmten Champagnerhauses genannt, stammt aber gebürtig aus Straßburg. Ein Onkel holt ihn 1827, da ist er 18 Jahre alt, in sein Unternehmen, das Roederer 1833 bei dessen Tod erbt. Das Haus erlebt durch die Erschließung neuer Märkte in Amerika und England einen rasanten Aufschwung. Vor allem aber wird es bekannt als Lieferant eines Champagners in einer extra für den russischen Zaren Alexander I. hergestellten durchsichtigen Kristallglas-Flasche – den „Cristal". Obwohl der damalige Champagner schon sehr süß war, bevorzugte der Zar Champagner mit sage und schreibe sechs Mal mehr Zucker als heute üblich. Doch der „Cristal" ist heute natürlich trocken ausgebaut und nach wie vor ein Aushängeschild des Hauses.

## Champagner Koch

Das Champagnerhaus, das der 1799 in Heidelberg geborene Johann Karl Philipp Koch 1820 in Avize gründet, erlangt keine so große Bekanntheit. Die Besitzverhältnisse wechseln mehrfach. Was bis heute allerdings Bestand hat, ist das Haus, das Koch seinerzeit in Avize gebaut hat, das Château d'Avize. Auch das wechselt im Laufe der Zeit mehrfach den Besitzer. Bis es 1966 vom deutschen Sekthaus Kupferberg übernommen wird. Christian Andreas Kupferberg gründet in diesem Jahr das Champagnerunternehmen Arthur Bricout, in Erinnerung an familiäre Bindungen zur Champagne. Die Tochter seines Großvaters und Firmengründers Christian Adalbert Kupferberg, Constanze, hatte nämlich 1869 den Champagnerfabrikanten Arthur Bricout aus Épernay geheiratet. Etliche Jahre produziert Bricout & Koch hochwertige Champagner. Doch nachdem Kupferberg zunächst vom Spirituosen-Unternehmen Racke und später von Henkell übernommen wurde, war das Engagement bald wieder beendet. Das Château d'Avize als Bauwerk eines deutschen Auswanderers steht allerdings immer noch – wenn auch mittlerweile von der Domaine Jacques-Selosse übernommen und komplett restauriert. Heute ist hier, zehn Kilometer südlich von Épernay, das exclusive Hotel „Les Avisés" mit ebenso exklusivem Restaurant entstanden, von dem aus man sich auf die Spuren der deutschen Einwanderer in der Champagne begeben kann.

# Krieg und andere Katastrophen

Gedenkstein auf dem Schlachtfeld von Verdun.

Am 8. Juli 1962 kommt es in der Kathedrale von Reims zu einer denkwürdigen Begegnung. Im Rahmen eines offiziellen Frankreichbesuchs nimmt der deutsche Bundeskanzler Konrad Adenauer zusammen mit dem französischen Staatspräsidenten Charles de Gaulle an einer feierlichen Friedensmesse teil. Ein „Tedeum deutsch-französischer Versöhnung“, schreibt damals die „ZEIT“. Die beiden Staatsmänner wollen ein neues Kapitel in den Beziehungen der beiden Länder aufschlagen nach all den Feindschaften und Kriegen der zurückliegenden Jahrzehnte. Am 22. Januar 1963 münden diese Bemühungen im Élysée-Vertrag, der die freundschaftlichen und auf ein geeintes Europa ausgerichteten Beziehungen der beiden Länder in den Mittelpunkt stellt. Eine weitere Vertiefung der Beziehungen wird im Januar 2019 im Kaisersaal von Aachen vereinbart.

Kaum ein Ort besitzt für die konfliktreiche deutsch-französische Vergangenheit mehr Symbolkraft als die Champagne und ihre Hauptstadt Reims, die in den zurückliegenden 150 Jahren mehrfach zum Schlachtfeld zwischen Franzosen und Deutschen geworden war. Ein blutgetränkter Boden deutsch-französischer Feindschaft. Man darf trotzdem davon ausgehen, dass beim Festbankett in Reims auch dem Champagner zugesprochen wurde, zumal Pierre-Christian Taittinger seinerzeit Bürgermeister von Reims war. Doch blicken wir zurück:

## Der Krieg 1870/71

Der Krieg von 1870 rauscht geradezu über die Champagne hinweg. Nach der Kriegserklärung Frankreichs vom 19. Juli rücken die Preußen und ihre Verbündeten rasch Richtung Westen vor. Sie stürmen am 6. August die Spicherer Höhen bei Saarbrücken und marschieren weiter Richtung Metz. Zehn Tage später kommt es westlich von Metz bei Vionville und Gravelotte zu vorentscheidenden Schlachten. Die kriegsentscheidende Niederlage erleiden die französischen Truppen am 2. September bei Sedan. Am 13. September stehen die preußischen Truppen bereits vor den Toren von Paris, das nach wochenlanger Belagerung und schwerem Beschuss am 28. Januar 1871 kapituliert. Im Frieden von Frankfurt vom 10. Mai 1871 muss Frankreich das Elsass und Teile Lothringens an Deutschland abtreten und eine Kriegsentschädigung von fünf Milliarden Franc zahlen. Für Frankreich bedeuten diese Annexionen eine tiefe Demütigung; die Zurückerlangung dieser Gebiete wird zu einem zentralen Ziel der Außenpolitik bis zum Ersten Weltkrieg.

Die florierenden Geschäfte der Champagnerwinzer werden durch diesen Krieg zwar nicht unmittelbar, aber in der Folge nachhaltig beeinträchtigt. Dazu später mehr. Die Gründungswelle neuer Betriebe hält im 19. Jahrhundert unvermindert an. Bei der Erschließung neuer Absatzmärkte macht sich vor allem das 1836 gegründete Haus Pommery einen Namen.

Mit Alexandrine Louise Pommery ist es wieder mal eine Frau, die dem Champagner einen zusätzlichen Reiz verschafft. Als ihr Mann Louis Alcxandre 1858 im Alter von nur 39 Jahren stirbt, übernimmt sie die Firmenleitung. Mit einer Dosage von sechs bis neun Gramm Zucker pro Liter bringt sie den ersten Brut-Champagner auf den Markt – und macht diesen zu einem großen kommerziellen Erfolg. Vor allem bei den Engländern erfreut sich dieser Wein wachsender Beliebtheit. Madame Pommery kauft Weinberge in besten Lagen und in Reims ein Grundstück mit Kreidestollen aus der gallo-römischen Zeit. Darüber lässt sie ein imposantes, 1878 eingeweihtes Gebäude errichten. Man ahnt: mit Champagner ist viel Geld zu verdienen.

Schlacht bei Mars-la-Tour am 16. August 1870.

## Konkurrenz aus dem Ausland

1882 beschließen 35 Champagnerhäuser die Gründung des Syndicat du commerce des vins de Champagne, aus dem später die Vereinigung der Champagnerhäuser (Union des Maisons de Champagne, UMC) wird. Der erste Schritt, um sich gegen immer mehr Nachahmer und Konkurrenten in Frankreich und der Welt zur Wehr zu setzen. Die gibt es vor allem in Deutschland. An dieser Stelle sei nur Johannes Fitz aus Dürkheim in der Pfalz erwähnt. Im Rahmen des Hambacher Festes 1832, der sogenannten Geburtsstunde der Demokratie in Deutschland, führt Johannes Fitz die Winzer an. Er trägt die schwarze Fahne des revolutionären Protestes mit der Aufschrift „Die Weinbauern müssen trauern" und gerät damit ins Visier der Obrigkeit. Um seiner Verhaftung zu entgehen, flieht er nach Frankreich und nutzt die Zeit des Untertauchens, um die Champagnerbereitung zu erlernen. Was er nach seiner Rückkehr einige Jahre später dann im heimischen Weingut praktiziert. 1842 avanciert die Sektkellerei u.a. mit dem „Champagner Marke Moussirender Feuerberg" zum Königlich Bayerischen Hoflieferanten.

Robert Schlumberger aus Österreich und Carlo Gancia aus Norditalien brachten die Champagner-Methode in ihre Heimatländer.

Aus zahlreichen Ländern pilgern Winzer in die Champagne und studieren, wie man diesen prickelnden Wein macht. In Österreich startet bereits 1842 Robert Schlumberger mit der Produktion. Der erste Italiener ist Carlo Gancia aus dem Piemont. 1848 geht er für einige Jahre in die Champagne. Nach seiner Rückkehr gründet er 1850 mit seinem Bruder ein Unternehmen und beginnt 1865 mit der Vermarktung von Schaumweinen nach der Champagner-Methode. In Spanien ist es 1872 Josep Raventós aus dem Penedes. Dort werden die Schaumweine in Anlehnung an die Champagne „Champána" genannt.

Bereits 1889 erhalten die Champagnerhäuser zumindest im Inland Rückendeckung vom französischen Kassationsgerichtshof („Das Wort Champagner gilt sowohl für den Ort der Produktion als auch für die Herstellung bestimmter Weine, die unter dieser Qualifikation besonders bekannt sind, und nicht für andere."), obwohl es den Begriff der Ursprungsbezeichnung erst ab 1935 gibt.

## Die Reblausplage

Doch bereits 1890 erreicht die Champagne – wenn auch nicht ganz überraschend – eine Katastrophe: die Reblaus Phylloxera. In wärmeren Zonen wie im Bordeaux war sie schon zuvor über die Rebstöcke hergefallen. In Épernay wird 1891 zu ihrer Bekämpfung das „Syndicat de Défense" gegründet. Doch nur rund drei Viertel der damals schon mehr als 25.000 (!) Winzer treten diesem Schutzbündnis bei. Die anderen sind nicht etwa aus Ignoranz so unsolidarisch, sondern oft zu arm, um Geld in die Anpflanzung neuer Weinberge zu stecken. Damit war der Reblaus natürlich auf Dauer nicht wirkungsvoll zu begegnen. 1910 ist bereits die Hälfte der Weinberge in der Marne-Gegend hoffnungslos von Phylloxera befallen. Rettung verspricht nur die radikale Methode: Die befallenen Rebstöcke müssen gerodet und gegen resistente ausgetauscht werden. Als „Unterlage" dienen reblausresistente Rebstöcke aus Amerika, auf die die heimischen Rebsorten aufgepfropft werden und die bis heute in ganz Europa als wirkungsvollstes Mittel gegen diese

Plage gelten. Bedecken bis zum Ende des 19. Jahrhunderts die Weinberge eine riesige Fläche von 60.000 Hektar, sind es 1919 nur noch 12.000 Hektar.

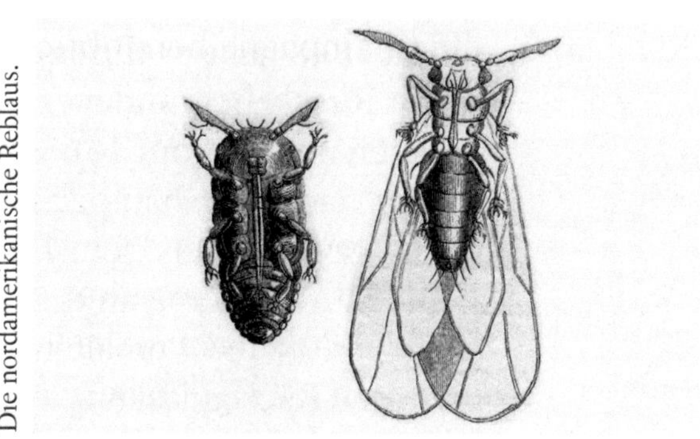

Die nordamerikanische Reblaus.

### Winzeraufstände

Einher mit der Reblausplage gehen um die Jahrhundertwende ungünstige Wetterverhältnisse und schlechte Ernten. Um den Bedarf an Trauben zu decken (der Champagnerkonsum wächst zum Fin de Siècle in den Restaurants, Theatern und Bordellen rasant), kaufen Champagnerhäuser sie außerhalb der Champagne ein, insbesondere im südwestlich gelegenen Departement Aube rund um die Städte Troyes und Bar-sur-Aube. Eigentlich liegt hier das Herzstück der ehemaligen Grafschaft Champagne, doch die Champagnerwinzer argumentieren, hier würden nur minderwertige Trauben wachsen und deshalb gehöre Aube nicht zum Kerngebiet des Champagnerausbaus. Dagegen geht die Vereinigung der Winzer an der Aube auf die Barrikaden. Die Protestbewegung entwickelt sich zu einem regelrechten Aufstand, sowohl die Bauern an der Marne als auch die von der Aube sind mit diesem ungeklärten Zustand unzufrieden. Die französische Regierung muss Truppen nach Épernay und Ay entsenden. Doch auch sie können nicht verhindern, dass am 11. April 1911 in Damery, Dizy und vor allem in Ay und Épernay Champagnerhäuser von „betrügerischen Händlern“ angezündet oder Produktionsanlagen zerstört werden. Doch eine offizielle Definition, was eigentlich genau unter der Champagne zu verstehen ist, kommt erst 1927 per Gesetz.

Das Departement Aube gehört jetzt definitiv dazu. Und es dauert weitere acht Jahre, bis der Begriff „Appellation d'Origine Controlée" eingeführt wird. Dass die Reformen sich so lange hinziehen, hat mit einer weiteren Katastrophe zu tun, die über die Champagne hereinbricht.

## Der Erste Weltkrieg

Es klingt schon paradox, dass 1914, 1915 und 1917 zu den besten Jahrgängen in der Champagne Anfang des 20. Jahrhunderts zählen. Zu den besten in der Geschichte der Region zählen sie jedenfalls nicht. Denn genau in dieser Zeit wird die Marnegegend zum Schlachtfeld. Am 1. August 1914 bricht der Krieg aus, bereits am 4. September besetzen deutsche Truppen Reims, müssen sich wenige Tage später aber nach Nordosten zurückziehen.

Über 20 Jahre dauerte die Renovierung der Kathedrale von Reims nach ihrer Zerstörung im Ersten Weltkrieg.

Die kriegführenden Parteien stehen sich danach in einem Stellungskrieg gegenüber. Die Front zieht sich durch das gesamte Departement, mehrere Dörfer werden dem Erdboden gleichgemacht. Reims wird von deutschen Geschützen unter Beschuss genommen. Am 19. September setzen Brandgranaten den Nordturm der Kathedrale in Flammen, nach nur wenigen Stunden sind Dach und Gebälk total zerstört und die Fassade weitgehend beschädigt. Im April 1917 liegt die Kathedrale wieder unter Beschuss. Die Gewölbe werden von großen Granaten zerstört.

Innerhalb einer Woche gehen 3000 Granaten auf die Innenstadt von Reims nieder. Worauf die Deutschen abzielen, ist offensichtlich: den Nationalstolz der Franzosen. Denn in der Kathedrale wurden seit dem Jahr 816 fast alle französischen Könige gekrönt, ein Ort also von großer nationaler Identität. Reims ist nach dem Krieg zu 60 Prozent zerstört. Hätte es die großen Kreidekeller der Champagnerhäuser nicht gegeben, in denen die Zivilbevölkerung Schutz fand, wären mehr Menschen gestorben. Auch Kriegsgefangene werden hier untergebracht, wovon zahlreiche eingeritzte Zeichen in dem weichen Kalk bis heute Zeugnis abliefern. Die Nachfahren der Bollingers, Pipers, Heidsiecks, Krugs und der meisten anderen deutschen Einwanderer bilden in den Kriegen zwischen ihrer Heimat und der ihrer Vorfahren keineswegs eine Enklave. Sie sind längst eingebürgert, fühlen und denken als Franzosen und kämpfen unter ihrer Flagge.

### Der Zweite Weltkrieg

1940 sind die Deutschen wieder da. Im besetzten Teil Frankreichs wird die Wirtschaft fast vollständig auf die Bedürfnisse des Deutschen Reichs eingestellt. Die Franzosen müssen industrielle und landwirtschaftliche Güter für die imperialistische „Großraumwirtschaft" liefern. Auch auf den französischen Wein haben es die deutschen Besatzer abgesehen – und zwar nicht nur die Soldaten, die in den Restaurants kräftig bestellten und oft nicht zahlten. Durch Plünderungen der großen Kellereien sollen in Reims nach dem deutschen Einmarsch zwei bis drei Millionen Flaschen verschwunden sein. Die guten französischen Weine füllen aber auch nach und nach die Privatkeller von Adolf Hitler, Herrmann Göring oder Joseph Goebbels und anderer Nazigrößen. Generalstabsmäßig plünderte das Nazireich die französischen Weinregionen aus. Insgesamt wurden während der Besatzung jedes Jahr rund 320 Millionen Flaschen Wein ins Reich geschickt und z. T. auf dem Weltmarkt verkauft, um die Staatskasse zu füllen.

### Die „Weinführer"

Im Bordeaux, in Burgund und in der Champagne werden dafür Sonderbeauftragte eingesetzt, die die Weinproduktion sichern und die besten Weine zu diktierten Preisen für das Deutsche Reich kaufen sollten. Diese „Weinführer" waren allesamt „vom Fach". Heinz Bömers, Weinhändler aus Bremen, kennt sich bestens in Bordeaux aus. Adolph Segnitz, ebenfalls Wein-Großhändler aus Bremen, ist Fachmann für das Burgund. In der Champagne übernimmt Otto Klaebisch, Schwager von Joachim von Ribbentrop und Schwiegersohn des Sektfabrikanten Otto Henkell, das Kommando. Klaebisch, in Frankreich geboren, handelt schon seit Jahren mit den Marken Lanson, Martell und Dubonnet. Einer, dem man also nicht so leicht etwas vormachen kann – was die französischen Winzer und Champagnerhäuser natürlich versuchen, indem sie den Besatzern die schlechtesten Weine andrehen wollen.

Zu festgesetzten Dumpingpreisen kauft Klaebisch bis 1944 rund 80 Millionen Flaschen Champagner – rund zwei Drittel der gesamten Produktion. Was die Champagnerhäuser und -produzenten bis dahin nicht geschafft hatten, bewirkte die deutsche Besatzung: Sie organisierten sich 1941 zur Standesorganisation „Comité Interprofessionnel du Vin de Champagne" (CIVC), die bis heute die Belange der Champagner-Branche fest in den Händen hat. Klaebisch handelt bei den Bestellungen, die aus

Berlin kommen, nach dem Prinzip von Zuckerbrot und Peitsche. Einerseits muss er die Champagnerwinzer bei Laune halten, damit sie auch in Kriegszeiten und unter Bedingungen der Mangelwirtschaft gute Ernten erzielen. Andererseits schreckt er vor drakonischen Strafen nicht zurück, wie die amerikanischen Journalisten Don und Petie Kladstrup in ihrem Buch „Wein und Krieg" (Don und Petie Kladstrup, 2019) beschreiben.

Der langjährige Chef des Hauses Taittinger, Claude Taittinger, schreibt in seinen Aufzeichnungen: „Im Jahr 1942 wurde mein Bruder François von dem ‚Champagnerführer' einbestellt. Dieser warf ihm vor, die Wehrmacht kürzlich mit einem unangenehm riechenden Wein beliefert zu haben. Wahrscheinlich war er in schlecht ausgewaschene Flaschen abgefüllt worden. Da es keine neuen Flaschen gab, sammelten wir systematisch bei unserer Kundschaft die alten wieder ein, was nicht ohne Risiko abging. Da François, lebhaft, wie die Jugend nun einmal ist, es ablehnte, die Schuld auf sich zu nehmen, und sich stattdessen auf die Schwierigkeiten berief, die die Epoche mit sich brachte, wurde das Gespräch bald zum Streit. Mein Bruder schlief an diesem Abend im Gefängnis Robbespierre in Reims, wo auch andere Besitzer bekannter Marken sich aus ähnlichen Gründen von Zeit zu Zeit mehr oder weniger lange aufhielten" (Claude Taittinger, 1997).

Robert-Jean de Voguë vom CIVC wurde unter dem Verdacht, der Résistance anzugehören, am 24. November 1943 im Büro von Klaebisch verhaftet. Die Kellermeister beginnen einen Streik, was in der Besatzungszeit als terroristische Machenschaften gilt. Die Verantwortlichen der Champagnerfirmen, die sich daran beteiligten, werden vor das Militärgericht gestellt und zu Gefängnis oder hohen Geldstrafen verurteilt. Robert-Jean de Voguë wird im März 1944 zum Tode verurteilt. Die Strafe wird dann in Deportation umgewandelt. Der Geschäftsführer von Piper-Heidsieck flüchtet nach Spanien, nachdem die Deutschen in den Weinkellern des Champagnerhauses ein Waffenlager entdeckt hatten.

Auch in der Champagne endet schließlich der Zweiten Weltkrieg. In Reims unterzeichnet am 7. Mai 1945 der deutsche Generaloberst Alfred Jodl die von den Alliierten vorgelegte Kapitulationsurkunde, damit ist der Zweite Weltkrieg beendet und Nazi-Deutschland besiegt.

Otto Klaebisch aber übersteht, wie viele Erfüllungsgehilfen des Nazi-Regimes, den Krieg offenbar unbeschadet. Er fungiert ausweislich von Auszügen aus dem Handelsregister bereits 1943 als persönlich haftender Gesellschafter der 1811 gegründeten Sektkellerei Matheus Müller in Eltville im Rheingau. Laut einem „Spiegel"-Bericht aus dem Jahr 1950 kämpft Klaebisch in der Funktion des Präsidenten des Verbandes deutscher Sektkellereien (Zitat: „Ich bin der Präsident dieses Klubs") für die Abschaffung der Sektsteuer. Und pflegt offenbar weiterhin gute Kontakte nach Frankreich. Als Mitglied des Rotary Clubs Wiesbaden empfängt er 1954 in seinem Haus in Eltville eine Delegation des Rotary Clubs Orléans. In der Klubgeschichte wird die Begegnung mit den Franzosen so beschrieben: „Der Empfang bei unserem Clubmitglied Otto Klaebisch überwältigte die Orléanesen, als sie nach Hissen der französischen Flagge und Abspielen der Marseillaise von ihm in perfektem Französisch begrüßt wurden." Jean Luc Barbier, von 2004 bis 2014 Generaldirektor des Champagnerverbandes CIVC und zuvor Repräsentant in Deutschland, erinnert sich noch an eine kurze persönliche Begegnung mit Klaebisch in einem Wiesbadener Restaurant. Der frühere „Weinführer" sei ihm spontan von seinen Tischpartnern vorgestellt worden. „Wir haben uns dann zu einem Treffen verabredet, zu dem es aber nicht mehr gekommen ist", erinnert sich Barbier. Klaebisch sei kurz nach dieser Begegnung gestorben.

# Champagner oder Sect

Wie genau der Name Sekt entstand, ist nicht bekannt. Sprachforscher führen ihn auf das lateinische Wort „siccus“ für trocken zurück. Lange Zeit galt Sect als Synonym für trockenen Südwein wie Sherry. Es gibt aber eine Geschichte, die klingt so gut, dass sie an dieser Stelle herhalten soll für den Namen und für den Ursprung der Sektkultur in Deutschland. Und der ist eng verbunden mit dem 1811 gegründeten Restaurant „Lutter & Wegner“ am Gendarmenmarkt in Berlin. Hier wurde neben erlesenen Weinen sehr früh eine aufregende Neuheit ausgeschenkt: Vin Mousseux aus der Champagne. Das Lokal galt damit als Geheimtipp für Gourmets und Gourmands und avancierte zum beliebten Treffpunkt von Künstlern aller Art und auch des Adels. Einer der Stammgäste war der Hofschauspieler Ludwig Devrient, der unter dem Intendanten August Wilhelm Iffland eine rasante Karriere gemacht hatte und unter anderem mit dem Schriftsteller E.T.A. Hoffmann befreundet war. Devrient, der damals in Shakespeares „Heinrich IV.“ auf der Bühne stand, soll 1825 nach einer Vorstellung – noch ganz in der Rolle des genussfreudigen Falstaffs – in die Weinstuben gestürmt sein und dem Ober zugerufen haben: „Bring er mir Sect, Schurke!“ Der Kellner kannte die Vorliebe des skurrilen Stammgastes und servierte ungerührt das Übliche, nämlich Vin Mousseux. Und ignorierte den Übersetzungsfehler.

Bei Shakespeare war mit „Sack“ (ausgesprochen „Saek“) eigentlich Sherry oder Madeira gemeint. Jedenfalls scheinen diese „Bestellung“ zahlreiche Leute mitbekommen zu haben – schließlich verkehrten hier bekannte Künstler wie Chamisso, Eichendorff oder Carl Maria von Weber – und das Wort Sekt war in der Welt. Aber noch lange nicht im allgemeinen Sprachgebrauch. Auch die Hersteller, der Handel und die Gastronomie können sich lange nicht einigen, ob das Produkt Schaumwein oder Champagner heißt. Die Bezeichnung „Sekt“ wird erst 1925 in das deutsche Weingesetz aufgenommen – 100 Jahre, nachdem Georg Christian Kessler nach seinem Zerwürfnis mit der Witwe Clicquot aus Reims zurückkehrt und im Juli 1826 in Esslingen die erste deutsche Schaumweinfabrik gründet.

Georg Christian Kessler machte schnell Karriere im Hause Veuve Clicquot.

1831 füllt Kessler bereits 70.000 Flaschen ab, zehn Jahre später sind es mehr als das Doppelte. Die Trauben wachsen auf rund 1200 Hektar vor der Haustür, an den Hängen des Neckartals. Kessler verwendet für seine ersten Versuche die Rebsorten Clevner und Elbling. Natürlich wendet er dabei die in der Champagne übliche Methode der zwei Gärprozesse an. Die Vermarktung läuft gut, nicht zuletzt dank des 1833 gegründeten Deutschen Zollvereins konnte man seine Schaumweine weit über die baden-württembergische Landesgrenze hinweg und damit natürlich auch in Berlin kaufen. Selbst in Russland stoßen die Kesslerschen Weine auf große Zustimmung. Wobei es der ehemalige Teilhaber der Veuve Clicquot nicht lassen kann, aus Werbegründen auf den Etiketten seiner Schaumweine noch jahrelang die Zeile aufzudrucken: „G. C. Kessler, ci-devant Associé de Veuve Clicquot-Ponsardin de Rheims" (... vormals Teilhaber von Veuve Clicquot-Ponsardin). Der moussierende Wein aus der Champagne hatte eben schon einen guten Ruf, der deutsche Schaumwein noch nicht. Immerhin wird Kessler 1841 vom württembergischen König Wilhelm I. für seine Verdienste mit dem Ritterkreuz des Ordens der württembergischen Krone ausgezeichnet und damit in den Adelsstand erhoben.

Den Titel „älteste Sektmanufaktur Deutschlands" reklamiert auch das Sekthaus „Bussard" in Radebeul bei Dresden heute für sich, obwohl das Geburtsjahr 1836 eindeutig dagegenspricht. Hier, an der Elbe, gründeten drei angesehene Weingutbesitzer eine Aktiengesellschaft, um eine Manufaktur moussierender Weine zu eröffnen. Sie engagieren dafür den Kellermeister Joseph Mouzon aus Reims, der die Méthode champenoise in die Lößnitz mitbringt. Die Sekte sind so begehrt (1848 werden bereits 150.000 Flaschen produziert), dass innerhalb von 25 Jahren über 150 Prozent Dividende an die Aktionäre ausgezahlt werden können. In der Anfangszeit werdennoch ausschließlich Weine aus dem Elbtal als Grundlage verwendet. Nach 1880 finden zunehmend auch Weine von Mosel und Rhein Verwendung. Die Gründe dafür sind die enormen Reblausschäden und auch die immer mehr zunehmende Konkurrenz anderer Sektfabriken in der Umgebung. Wenn auch mit wechselnden Besitzern, rettet sich die Marke Bussard über die Weltkriege, wird dann in der DDR enteignet und der VEB Weinbau Radebeul mit „Schloß Wackerbarth" zugeschlagen. Die Produktion wird zeitweilig eingestellt.

Heute, als Unternehmen in Landesbesitz, wird nach wie vor Sekt nach der Flaschengärmethode produziert – vom trockenen „August dem Starken" bis hin zum „Bussard Royal Monsieur Mouzon Extra" zum Preis von fast 40 Euro.

Kessler hat jedenfalls in deutschen Landen Pionierarbeit geleistet. Und bald schießen neue Firmen wie Pilze aus dem Boden. Das Geschäft mit Wein verspricht – wie in der Champagne – lukrativ zu werden. 1828 gründen die Nachfahren von sogenannten kurtrierischen Schutzjuden, die nach Frankfurt umgesiedelt waren, das Unternehmen „Gebrüder Feist & Söhne, Fabrik moussierende Rhein- und Moselweine". Die Geschichte des Unternehmens und der Familie liegt heute weitgehend im Dunkeln. Der letzte Firmenchef Alfred Feist-Belmont kommt 1945 im KZ Buchenwald ums Leben, die Keller werden zusammen mit vielen Unterlagen 1944 bei einem Bombenangriff zerstört. Überdauert haben – neben dem Produktnamen – aber zahlreiche Werbeanzeigen, in denen Feist sich als „besten Ersatz für französischen Champagner" anpreist oder mit „Feist Feldgrau" im Ersten Weltkrieg auf die nationale Karte setzt.

1837 wird in Hochheim am Main die Firma Burgeff gegründet – sie bezeichnet sich als älteste rheinische Champagnerkellerei. 1855 vermeldet das Unternehmen einen Absatz von 230.000 Flaschen.

Der Kaufmann Johann Friedrich Deinhard aus Koblenz zieht nach. Nach seinem Tod führt sein Schwiegersohn Julius Wegeler die florierende Firma weiter, gründet eine Dependance in London, ein gehobenes Weinrestaurant an der Friedrichstraße in Berlin und kreiert 1888 mit „Deinhard Cabinet“ eine Marke, die lange Bestand hat.

Christian Adalbert Kupferberg startet nach einer Lehrzeit im Handel 1847 zunächst mit dem Weingutbesitzer Robert Jakob Kempf in Neustadt an der Weinstraße im Nebengewerbe eine „Fabrication moußirender Weine“. Doch nach Unstimmigkeiten trennen sich ihre Wege, Kupferberg geht nach Mainz, weil – wie er an Geschäftsfreunde schreibt – sich dort der Weinmarkt für den ganzen Deutschen Bund befindet, und gründet dort 1850 sein eigenes Unternehmen. Die Geschäfte entwickeln sich rasant, wozu auch immer mehr Eisenbahnverbindungen beitragen, die den Transport der Grundweine zur Kellerei und der Waren zu den Kunden enorm erleichtern. Schon zwei Jahre nach der Gründung taucht die bis heute bekannte Marke „Kupferberg Gold“ auf.

Auf dem Kästrich, einer Anhöhe in Mainz mit darunter liegenden, alten römischen Weinkellern, kann Kupferberg ein Grundstück erwerben und eine neue Fabrik bauen. Die alten Gebäude können noch heute besucht werden. Darin findet man u. a. die weltweit größte Sammlung von Sekt- und Champagnergläsern. Adam Henkell gründet 1856 ebenfalls in Mainz eine Sektmanufaktur, nachdem er zuvor in Beaune eine Weinlehre gemacht und anschließend schon etliche Jahre mit Wein gehandelt hatte. Unter seinen Nachfahren Rudolf und Otto avanciert Henkell zu einem der führenden Sekthäuser Deutschlands, wodurch auch der Umzug nach Wiesbaden erforderlich wird. Der Stuttgarter Architekt Paul Bonartz baut auf der Biebricher Höhe von 1908 bis 1910 die seinerzeit modernste Kellerei in Deutschland mit einem repräsentativen Verwaltungsbau im neoklassizistischen Stil. Auf dem Dach der weithin sichtbaren Kellerei prangt der Name der Dachmarke „Henkell Trocken“.

Auch literarisch wird der Gründungsboom deutscher Sektkellereien verewigt. Da kommt das Produkt allerdings nicht gut weg. Felix Krull, der von Thomas Mann (aktuelle Ausgabe 2012) kreierte Lebemann, wird als Sohn eines Sektfabrikanten im Rheingau geboren. Was der allerdings z.B. als „Loreley extra cuvée" produziert, ist nach dem Roman von miserabler Qualität. „Die Firma Engelbert Krull unterwarf sich damals eben den Geboten des Marktes: Man musste günstig produzieren, weil das Vorurteil gegen die heimischen Fabrikate es so will. Und die Konkurrenz einem im Nacken saß." Noch bevor Felix volljährig ist, macht der Vater Bankrott und erschießt sich. Die hier genannten Sektkellereien allerdings haben hinsichtlich der Qualität mit Thomas Manns Phantasie wenig zu tun und überleben zwei Weltkriege und Weltwirtschaftskrisen. Doch irgendwann sind viele den Kräften des Marktes nicht mehr gewachsen und gehen in größeren Konzernen auf.

# Rotkäppchen – eine prickelnde Geschichte

Wer glaubt, „Rotkäppchen" sei eine Erfindung der DDR gewesen, irrt gewaltig. Vielmehr gründen am 26. September 1856 Moritz und Julius Kloss mit ihrem Freund Carl Foerster in Freyburg an der Unstrut ein Weinhandelsgeschäft und noch im Winter eine „Champagnerfabrik". Und die Geschäfte in der Firma Kloss & Foerster laufen gut an. 1859 wird bereits der erste Handlungsreisende eingestellt. Weil das begehrte Original aus französischer Herkunft mehr Prestige verspricht, setzt man auf französisch klingende Markennamen: „Monopol", „Crémant Rosé", „Lemartin Frères" oder „Sillery Grand Mousseux".

Zehn Jahre später kann Kloss & Foerster die Gebäude der ersten Freyburger Champagnerfabrik übernehmen. Danach schießt der Umsatz sprichwörtlich durch die Decke. Die Winzer an Saale und Unstrut können schon bald nicht mehr genug fertigen Wein liefern. Kloss & Foerster kauft aus allen deutschen Anbaugebieten Most hinzu. Die Jahresproduktion betrug zu dieser Zeit 120.000 Flaschen.

Der Sieg im deutsch-französischen Krieg führt nach 1871 zu einem gehörigen Wirtschaftsaufschwung in Deutschland, der steigende Wohlstand lässt den Absatz an Schaumweinen ansteigen. Zusätzlich wird das Nationalgefühl kräftig angestachelt. „In den hunderten von Offizierskasinos wetteiferte man, Freyburger ‚Monopol' an Stelle des um so viel teureren französischen Champagners zu trinken", heißt es in der Chronik von Kloss & Foerster. Gleichzeitig versucht man, sich mit den Produkten aus Frankreich auf eine Stufe zu stellen. „Im deutschen Volk fand man bis vor wenigen Jahren vielfach die irrige Ansicht vertreten, daß unser deutscher Schaumwein auf andere Weise hergestellt werde, als der französische Champagner … Heute weiß jedermann, daß die Herstellungsweise in den ersten großen deutschen Sektkellereien dieselbe ist wie in Frankreich. Jahrelang haben die deutschen Kellereien gegen dieses Vorurteil schwer ankämpfen müssen ... Die ehrliche deutsche Schaumwein-Industrie hat mit einem übermächtigen Konkurrenten, dem echten Champagner, und mit starken Vorurteilen schwer kämpfen müssen, trotzdem hat sie sich, wenn auch langsam, emporgerungen zu der Höhe, auf der sie heute steht."

Und es kommt Schützenhilfe von ganz oben. Die Reichsregierung unter Kanzler Bismarck bremst die Konkurrenz aus Frankreich mit protektionistischen Mitteln aus. Der Importzoll auf französischen Champagner wird 1879 von 16 auf 48 Mark für 100 Kilo erhöht, 1885 steigt er auf 80 Mark und 1902 sogar auf 120 Mark. Kaiser Wilhelm II. pflegt bei jeder Gelegenheit den deutschen Sekt zu protegieren. Mehr Werbung für deutschen Sekt geht kaum.

Kloss & Foerster expandieren unter diesen Bedingungen gewaltig. 1887 wird ein neues Kellergebäude gebaut. 1889 wird Freyburg an das Eisenbahnnetz angeschlossen. Aus Sicht der Unternehmensführung der Anlass für eine weitere Investition: In Scy Chazelles bei Metz wird das Weingut St. Nicolas erworben, fortan wichtige Quelle für die heimische Sektkellerei.

## „Rotkäppchen“ wird geboren

Dem Vernehmen nach gehörte die Marke „Monopol“ aus dem Hause Kloss & Foerster – trotz des französisch klingenden Namens – zu den Lieblingssekten von Kaiser Wilhelm II. Doch um diese Marke gibt es 1894 einen Rechtsstreit – und die Freyburger müssen eine herbe Niederlage einstecken. Nachdem in Deutschland das „Gesetz zum Schutz der Warenzeichen“ in Kraft getreten ist, klagt das französische Champagnerhaus Walbaum-Heidsieck gegen Kloss & Foerster, um die eigene Standardmarke „Monopole“ zu schützen. Und gewinnt. Nur noch Heidsieck & Co in Reims darf die Bezeichnung tragen. Beherzt machen die Freyburger aus der Not eine Tugend. Die schon traditionell rote Kapsel wird zum Namensgeber der neuen Sektmarke: „Rotkäppchen“ ist geboren. Ob es eine Retourkutsche gegen die Marke „Red Top“ von Heidsieck ist – darüber kann man nur spekulieren.

Bereits um die Jahrhundertwende deutet sich mit der Einführung der Schaumweinsteuer an, wohin Deutschland politisch steuert: Richtung Aufrüstung und Krieg. Ab Juli 1902 sind 50 Pfennig pro Flasche zu zahlen. Im folgenden Jahr wurden elf Millionen Flaschen in Deutschland verkauft – ein Geldsegen für die wilhelminische Rüstungspolitik. Eine forcierte Variante wird ab 1909 eingeführt: je teurer die Flasche, desto höher die Steuer (bis vier Mark Verkaufspreis eine Mark Steuer, ab fünf Mark Verkaufspreis drei Mark Steuer).

Der Erste Weltkrieg und die nachfolgende Inflation (im Herbst 1923 kostet eine Flasche Rotkäppchen-Sekt 1.928.000 Mark) setzen das Unternehmen wirtschaftlich schwer unter Druck. Das Weingut in Lothringen ist verloren, das Geld wird knapp. Von 1929 bis 1931 sinkt der Absatz der Branche um mehr als die Hälfte auf nur noch 4,5 Millionen Flaschen. Im November 1933 wird die Schaumweinsteuer abgeschafft – der Umsatz steigt wieder. Unter der Herrschaft der Nazis setzt ein richtiger Sekt-Boom ein – bis der Krieg ausbricht. 1945 rückt die sowjetische Armee in Freyburg ein, Kloss & Foerster wird unter Zwangsverwaltung gestellt und 1948 enteignet. Von Stund' an heißt das Unternehmen VEB Rotkäppchen-Sektkellerei Freyburg/Unstrut.

## Konkurrenz: Rheingold und die deutsche Seele

1864 gründen mehrere Gesellschafter unter der Initiative von Johann Jacob Söhnlein die „Rheingauer Schaumweinfabrik Actiengesellschaft zu Schierstein am Rhein" und beginnen ein Jahr später mit der Produktion. Mit der Marke „Rheingold" aus Trauben vom Johannisberg gelingt ihnen gleich der Durchbruch auf dem Markt. Das Unternehmen verdient so gut, dass 1874 (da werden bereits mehr als 300.000 Flaschen abgefüllt) ein neues Kellergebäude in Neo-Backsteingotik errichtet werden kann. Der norddeutsche Lloyd nimmt Rheingold als einzigen Sekt auf die Getränkekarte, andere große Schifffahrtsgesellschaften folgen. Söhnlein erwirbt in Ay in der Champagne eine Dependance, die den Grundwein für die Marke „Carte Blanche" herstellt. Durch die Bekanntschaft mit dem Komponisten Richard Wagner gelingt es Söhnlein, bei der Eröffnung des Bayreuther Festspielhauses im August 1876 höhere Werbeweihen zukommen zu lassen. Das National-Epos „Rheingold" und der Schaumwein Marke „Rheingold" „verschmolzen" miteinander („Wo Rheingold perlend steigt im Becher, Da beut der Rhein sein Gold dem Zecher") und lieferten dem Schaumweinhersteller in Zeiten des wachsenden Nationalismus eine starke Marktposition.

Auch der deutsche Kaiser Wilhelm II. sorgt dafür, dass in den Konkurrenzkampf zwischen französischen und deutschen Schaumweinen zunehmend protektionistische Maßnahmen zugunsten der deutschen Hersteller Einzug halten. Ab 1875 darf beim Stapellauf neuer Kriegsschiffe nur deutscher Sekt verwendet werden. Champagner galt als „No go". Dazu wird die Marke Rheingold der Firma Söhnlein auserkoren. Einige Jahre später sorgt das für einen Eklat mit außenpolitischen Konsequenzen. Die neue Schoner-Yacht des Kaisers wird 1902 in New York im Beisein von Prinz Heinrich von Preußen von der Tochter des amerikanischen Präsidenten, Alice Roosewelt, auf den Namen „Meteor" getauft. Vorgesehen dafür ist eine Flasche Sekt der Marke Söhnlein Rheingold. Doch dann stellt sich heraus: Der Agent der französischen Champagnermarke Moët & Chandon hat die Flasche gegen die seines Unternehmens ausgetauscht. Auch beim anschließenden Lunch wird in Anwesenheit des amerikanischen Präsidenten zudem Champagner der Marke Moët aus Magnumflaschen ausgeschenkt. Das löst nach Bekanntwerden auf deutscher Seite eine Welle der Empörung aus und bringt den Kaiser so in Rage, dass er seinen Botschafter aus den USA zurückruft

Insgesamt herrscht gegen Ende des 19. Jahrhunderts in Deutschland ein prickelnder Gründerrausch. Zwischen 1873 und 1895 verdoppelt sich die Jahresproduktion von vier auf acht Millionen Flaschen. Doch in diese Euphorie platzt die Reichsregierung mit Plänen, den Schaumwein als Luxusgut zu versteuern. Er wird ja keineswegs von der breiten Masse getrunken, sondern gilt als Produkt der gehobenen Klasse. Für eine Flasche Cabinet Sekt von Kloss & Foerster zahlt man 1896 z. B. vier Mark. (Ein Arbeiter verdient zu dieser Zeit rund 800 Mark im Jahr, im Handwerk und der Landwirtschaft sind die Einkommen noch geringer.) Und deswegen sehen breite Kreise im deutschen Reichstag in der Schaumweinbesteuerung ein probates Mittel, die Kassen zu füllen, zumal der Kaiser für die Realisierung seiner Flottenpläne eine Menge Geld fordert. Die Schaumweinhersteller ahnen Böses und gründen 1892 zur Vertretung ihrer Interessen das „Syndikat der Schaumweinfabriken". Eines ihrer Argumente dagegen: Dadurch werde die Preisdifferenz zum Champagner, auf den ja seit 1879 Einfuhrzoll zu zahlen ist, geringer. Und das sei nicht im Sinne der heimischen Produzenten. Außerdem würde sich diese Steuer negativ auf die gerade wachsenden Exportmärkte auswirken. Doch im Jahr 1900 steht das Thema wieder auf der Tagesordnung des Reichstages. In der öffentlichen Debatte wird eines deutlich: Die Steuer wird kommen, weil die Flottenkommission des Reichstages es so will. Da können die Schaumweinproduzenten noch so viele Pamphlete verfassen. Andererseits legen die meisten von ihnen aber auch eine derart deutschnationale Haltung an den Tag, dass ihre Kritik gleich wieder relativiert wird. Die Offizierskasinos gehören zu den besten Kunden und werden in Zeitungsanzeigen umworben, jeder buhlt darum, offizieller Lieferant des Militärs zu sein oder zu werden. Diese Kundschaft möchte man nicht verlieren. Hinzu kommt: Die meisten Sektfabrikanten entstammen dem bürgerlichen Milieu, nicht aus Winzerfamilien. Mit dem rasch geschaffenen Reichtum gehören die patriarchisch geführten Häuser zur Wirtschaftselite des Reiches.

1902 kommt sie dann doch, die Schaumwein- vulgo Sektsteuer. Mit 50 Pfennig pro Flasche schlägt sie zu Buche. Der Effekt für den kriegerischen Schiffbau ist nur ein Tropfen auf den heißen Stein: 1905 werden elf Millionen Flaschen versteuert. Als „Beruhigungspille" für die deutschen Produzenten ist der Zoll für Auslandsschaumweine, sprich Champagner, wie erwähnt im Juni 1900 von 80 auf 120 Mark pro 100 Kilo erhöht worden. Diejenigen, die davon profitieren, sind die sogenannten Grenzfirmen in Elsass-Lothringen, das nach dem Krieg von 1870/71 dem Deutschen Reich einverleibt worden war.

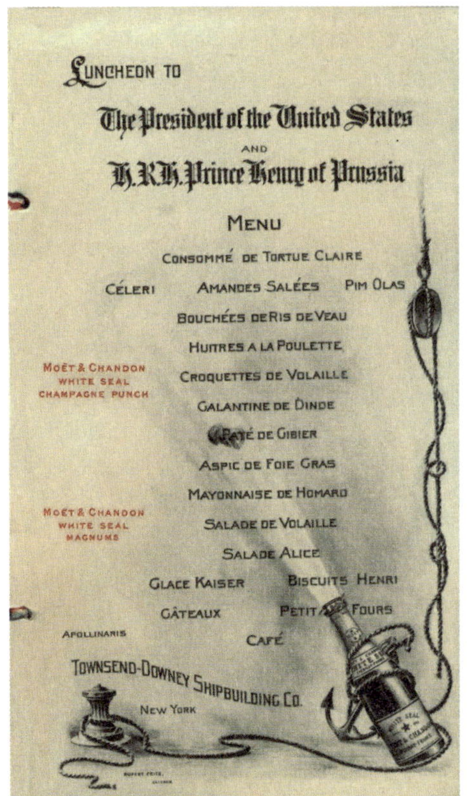

Der Eklat um die Schiffstaufe der kaiserlichen Yacht und den anschließenden Lunch führte zu diplomatischen Spannungen zwischen Frankreich und dem Deutschen Reich.

Das Weingut St. Nicolas in Scy Chazelles bei Metz wurde 1889 von Kloss & Foerster gekauft, später wurde hier „Rotkäppchen"-Sekt hergestellt.

# Grenzwinzer

Der Name ist ein echter Zungenbrecher: Scy Chazelles heißt der kleine Ort fünf Kilometer westlich der lothringischen Stadt Metz auf einer Anhöhe über dem Moseltal. In Scy Chazelles wohnte bis zu seinem Tod im Jahr 1963 der französische Außenminister Robert Schumann, der zusammen mit dem deutschen Kanzler Konrad Adenauer die deutsch-französische Freundschaft nach dem Zweiten Weltkrieg einleitete. Nur wenige Schritte von seinem Wohnhaus entfernt ist er in der kleinen Kirche St. Quentin begraben. Das nahe gelegene Gasthaus „Le Petit Tonneau" in der Rue Saint Nicolas, in das auch Robert Schumann früher gerne ging, ist wiederum Teil einer besonderen Geschichte der beiden Nachbarländer. Man könnte diesen Teil auch „Champagner-Krieg" nennen. Wie oben beschrieben, siedelten sich deutsche Schaumweinfabriken nach dem Krieg von 1870/71 im besetzten Lothringen und in der Champagne an und benutzten lange Zeit für ihre Produkte auch den Namen Champagner. Doch nach dem Ersten Weltkrieg ereilte sie alle das gleiche Schicksal: Sie wurden enteignet und mussten Frankreich verlassen.

Im Februar 1897 sitzt Marie Louise Simon, Witwe des Zollinspektors Franz Adalbert Ludwig Simon, bei dem Notar Heinrich Martzloff in Metz und unterzeichnet einen Vertrag, in dem sie ein Wohnhaus mit Hof, Stallungen und fünf Weinfässern verkauft. Käufer sind die erwähnten Weinfabrikanten Bernhard Otto und Rudolf Foerster von der Firma Kloss & Foerster aus Freyburg an der Unstrut. Für das Anwesen einschließlich einiger Parzellen Land zahlen sie 95.000 Mark in bar. Das Unternehmen hatte bereits 1889 das Weingut St. Nicolas in der Rue Saint Nicolas erworben und kauft oder ersteigert in diesen Jahren weitere Weinberge hinzu, insgesamt rund acht Hektar.

Mitte des Jahrhunderts befindet sich die Region entlang der Mosel bei Metz im Champagnerrausch. Auf rund 6000 Hektar werden hier am östlichen Rand des Pariser Beckens Trauben angebaut, ein Großteil des Mostes geht lange Zeit in die Champagne und wird dort zu dem begehrten Schaumwein ausgebaut. Das ist zwar nach Überzeugung der traditionellen Champagnerhäuser nicht in Ordnung, denn Champagner darf sich aus ihrer Sicht nur der Schaumwein nennen, dessen Trauben aus der Champagne stammen. Aber erstens gibt es noch keine Appellation, die das Anbaugebiet fest umreißt. Und zweitens gibt es Handelshäuser, die es mit der Ursprungsbezeichnung nicht so genau nehmen. „Daß Wein für Champagner in der Champagne geerntet und die Verarbeitung dort erfolgt sein muß, setzt Frankreich international erst in der Konvention von Paris von 1883 und dem Madrider Abkommen von 1891 durch, denen Deutschland durch Jahrzehnte nicht beitritt“ (Helmut Arntz, 1983). Nachdem Preußen und seine Verbündeten 1871 den Krieg gegen Frankreich gewonnen hatten, fällt dieser östliche Teil Lothringens mit seiner Hauptstadt Metz an Deutschland.

Für die deutschen Winzer ist das ein Startsignal. Jetzt können sie in der Region ohne große Umstände eigene Weingüter gründen, denn der Absatz an den prickelnden Getränken war – wie bereits erwähnt – in den 70er- und 80er-Jahren des 19. Jahrhunderts auch in Deutschland rasant gestiegen und allein mit Most aus heimischen Trauben kaum zu realisieren. Für Kloss & Foerster war der Einstieg in Lothringen 1889 auch deswegen ein guter Zeitpunkt, weil die in diesem Jahr fertiggestellte Unstrut-Eisenbahn von Naumburg nach Reinsdorf den Anschluss an das internationale Eisenbahnnetz bedeutet. Der bei Metz gewonnene Grundwein kann so in Fässern relativ schnell per Bahn nach Freyburg an der Unstrut gebracht und dort auf Flaschen abgefüllt werden.

Und es kommt ein weiterer Aspekt hinzu: der Zollvorteil. Seit 1879 gilt für den Import von Stillweinen im Fass aus Frankreich ein Zollsatz von 24 Mark pro 100 Kilogramm, in Flaschen das Doppelte. Wer Stillwein importiert, diesen im deutschen Zollgebiet auf Flaschen füllt und zu Schaumwein französischer Provenienz ausbaut und verkauft, hat also einen deutlichen Preisvorteil. In und um Metz siedeln sich immer mehr deutsche Schaumweinproduzenten an, die sogenannten Grenzwinzer, die beides miteinander verbinden: den Anbau oder Aufkauf von Trauben vor Ort und den Import französischer Weine für die Weiterverarbeitung.

Früher wurde hier Rotkäppchen-Sekt hergestellt, heute befindet sich in der Rue St. Jacob in Scy Chazelle ein Gasthaus.

Château de Vaux und Schloss Vaux

Nur wenige Kilometer unterhalb von Scy Chazelles, nicht weit vom Ufer der Mosel entfernt, liegt der Ort Vaux. Mittendrin: Château de Vaux, ein kleines, unscheinbares Schlösschen. 1999 kaufen Norbert Molozay und Marie-Geneviève Hennequin das Weingut, dessen Wurzeln bis in die römische Zeit zurückreichen. Seitdem produzieren sie hier aus den Hauptrebsorten Pinot Gris und Pinot Noir leichte Weiß- und Rotweine sowie Crémant. Auch Château de Vaux hat deutsche Wurzeln. In den 1880er-Jahren kauft Heinrich Graeger das Weingut nebst umliegenden Weinbergen. Gegründet worden war das Weinhandelsunternehmen Schloß Vaux 1868 in Berlin mit ähnlichen Absichten wie bei Kloss & Foerster. Der deutsche Markt sollte mit günstigem Sekt bedient werden.

Fast vierzig Jahre lang beherbergt das Château de Vaux die Sektkeller. 1918 müssen die Eigentümer das mittlerweile französisch gewordene Domizil aufgeben. Neuer Sitz der Manufaktur wird Eltville am Rhein. Schloß Vaux spezialisiert sich von nun an auf den Rheingau. Dann gerät das Unternehmen in Turbulenzen, die Namensrechte landen bei einer Bank und schlummern dort lange. 1982 schließlich findet sich ein kleiner Freundeskreis, der Schloß Vaux von einer Tochtergesellschaft der Dresdner Bank AG kauft. Der Wiesbadener Bankdirektor Gustav Adolf Schaeling übernimmt den Vorsitz im Beirat und beginnt, das traditionsreiche Sekthaus mit neuem Leben zu füllen. Vier Jahre später wandeln die Gesellschafter die Sektkellerei in eine Aktiengesellschaft um.

Es formiert sich eine Gruppe von 60 Aktionären, die sich ganz der Rheingauer Wein- und Sektkultur verschreibt. Seit 1998 führt Nikolaus Graf von Plettenberg die Sektmanufaktur „Schloss Vaux", die jetzt hochwertige Flaschengärungen herstellt („Privates Sekthaus Berliner Provinienz"). Graf von Plettenberg war gleichzeitig bis 2019 Präsident des Verbandes der deutschen Sekthersteller.

Im Jahre 1877 gründet Carl Graeger, ein Bruder von Heinrich Graeger, eine Sektkellerei in Hochheim am Main. Auch dieses kleine Unternehmen nimmt schon bald einen rasanten Aufstieg. 1898 umfasst der Firmensitz ein großes Areal mit ausgedehnten Kellereien von mehr als 3500 Quadratmetern Fläche. Wein wird nicht nur verarbeitet, sondern auch auf den eigenen Weingütern „Schloß Sansonnet" bei Metz in Frankreich und Hochheim am Rhein angebaut und erzeugt. Die Hauptabsatzgebiete sind Deutschland und England. Mit dem steigenden Export wird 1888 eine Filiale in London eröffnet. Die beiden Jahrzehnte vor dem Ersten Weltkrieg sind die Blütezeit der Sektkellerei. Nach 1918 muss auch Graeger-Sekt Frankreich verlassen. Das führt zu erheblichen Absatzeinbußen, die Hauptexportmärkte Großbritannien und USA brechen weg. Auch nach dem Zweiten Weltkrieg kann das Unternehmen vom steigenden Sektkonsum der Bevölkerung nicht profitieren. 1970 endet die Familienära von Graeger. Danach beginnt eine Periode wechselnder Besitzer. Graeger-Sekt, mittlerweile in Bingen beheimatet, existiert aber bis heute weiter.

Bisinger

1871 machen sich zwei junge Männer aus Rottenburg im Württembergischen, knapp 30 Jahre alt, auf den Weg in die Champagne: Charles-Otto Bisinger und sein Bruder Anton. Zunächst lassen sie sich in dem kleinen Ort Avize nieder, etwa zwölf Kilometer südlich von Épernay.

Nach nur wenigen Jahren wagen sie den Schritt in die Selbstständigkeit und gründen 1875 in Ay ihre eigene Champagnerkellerei, Champagner Bisinger & Co. Sie kaufen Trauben und Most und machen daraus das prickelnde Getränk, das gutes Geld verspricht. Geschäftlich und privat läuft es prächtig. Otto hatte 1873 Blanche Oudot aus Troyes geheiratet, 1876 wird Sohn André geboren. Fotos aus der Zeit um die Jahrhundertwende zeigen Familienmitglieder auf einer Landpartie im offenen Renault. Sohn André posiert stolz im langen Fellmantel.

1910 expandiert die Firma Bisinger und eröffnet eine Filiale bei Metz. Im Vorort Sablon, wo zwei Jahre zuvor der neue, vom Berliner Architekten Jürgen Kröger im wilhelminischen Stil gebaute Bahnhof eröffnet wurde, entsteht auf 2000 Quadratmetern eine Abfüllfabrik für 500.000 Flaschen. Lothringen hat sich seit 1871 zum Brückenkopf für Hersteller von Schaumweinen aus Deutschland entwickelt, die zu der Herkunftsbezeichnung „Trauben aus Frankreich" oft auch noch die Bezeichnung Champagner bekommen. Ein wichtiger Aspekt für die Filiale ist der Export der Ware ins Deutsche Reich, genauer gesagt, der geringere Einfuhrzoll gegenüber dem echten Champagner. Ihrer Kundschaft schreibt die Firma Bisinger seinerzeit: „Durch die Errichtung unserer Filiale in Sablon-Metz, woselbst wir die Weine auf Flaschen füllen, nachdem deren Versteuerung als Fasswein stattgefunden hat, ersparen wir 2 Mark pro Flasche am Eingangszoll, welche unserer geehrten Kundschaft zu Gute kommen soll. Wir hoffen, dass dieser grosse Vortheil sowie die garantierte Reinheit unserer Weine Sie veranlassen werden, uns Ihre ferneren Aufträge zuzuwenden, deren beste Effectuierung unser eifrigstes Bestreben sein soll." Otto Bisinger erlebt die kurze Blüte dieses Unternehmens nicht mehr. Er stirbt 1910 im Alter von 67 Jahren. Ein Jahr später gehen die Firmengebäude in Ay im Zuge der Winzeraufstände in Flammen auf.

Anton Bisinger kehrt 1915, ein Jahr nach Ausbruch des Ersten Weltkrieges, nach Deutschland zurück, lässt das Unternehmen in Sablon bei Metz nur noch auf kleiner Flamme weiterlaufen. Nach 1918 wird es unter französische Verwaltung gestellt und ein Jahr später ohne Entschädigung liquidiert. 90 Jahre später erfährt das Gelände, auf dem einst die deutsche Kellerei stand, im Zuge der städtebaulichen Entwicklung der Stadt Metz eine neue Nutzung: Hier steht heute das Centre Pompidou, eine Zweigstelle des Pariser Museums für Moderne Kunst. Nur ein angrenzender alter Zaun mit Steinpfeilern erinnert noch an die frühere Nutzung.

Anton Bisinger versucht es 1920 mit einem Neuanfang in Mainz, dem Sekthaus Bisinger. Später verlegt er den Sitz der Firma nach Hochheim am Rhein. Er stirbt 1941. Bis in die 1970er-Jahre gibt es Sekt der Marke Bisinger aus Hochheim. Dann wird die Produktion eingestellt.

Auch der französische Zweig des Unternehmens kommt nicht wieder richtig auf die Beine. Die deutsche Kundschaft ist weggebrochen, auf dem französischen Markt war Bisinger kaum vertreten. 1930, nach dem Tod seiner Mutter, stellt ihr Sohn André den Betrieb ein. Die Champagnermarke Bisinger wird verkauft und landet schließlich bei der Firma HDC in Reims. Dahinter verbirgt sich das Unternehmen Vranken-Pommery. Und seitdem taucht der Champagner Bissinger & Co (jetzt mit zwei „s" geschrieben) auch wieder in Deutschland auf. Ein deutscher Discounter bietet die „Premium Cuvée" für unter 20 Euro an.

Das deutsche Unternehmen Henkell dringt noch weiter in die „Höhle des Löwen" vor. 1913 wird mitten in Reims eine Grundweinkellerei mit einem Fassungsvermögen von 3200 Hektolitern in Glas-Zement-Fässern eröffnet. Außer dem Gärlokal gehörten ein „vornehmer Empfang" mit Säulen und Marmorverkleidung, eine Pförtnerwohnung und ein Gästetrakt zu dem Flachbau, der von dem Stuttgarter Architekten Paul Bonartz entworfen worden war.

Nur Teile des alten Zaunes am Centre Pompidou in Metz erinnern daran, dass hier früher eine Sektkellerei stand.

Die Motivation war klar: Das Prestige der Henkell-Marken („Henkell Trocken") sollte durch die Nähe zur Champagne gesteigert werden. Und natürlich wollte Henkell durch die Zollersparnis auch die Kosten senken. Damit war es am 20. Februar 1919, dem Inkrafttreten des Versailler Vertrages, vorbei. Die Reimser Grundweinkellerei von Henkell wurde durch den französischen Staat enteignet. Die Entschädigung dafür musste der deutsche Staat leisten.

Die Henkell Grundweinkellerei in Reims hatte ein Fassungsvermögen von 3200 Hektolitern.

## Voll von Deutz

Etwas anders gelagert ist die Geschichte des Champagnerhauses Deutz & Geldermann, das William Deutz und Peter Geldermann 1838 in Ay in der Champagne gegründet hatten. 1904 wird nach langen Recherchen über den richtigen Ort die Dependance im elsässischen Haguenau eröffnet. Dahinter stecken rein ökonomische und keine nationalistischen Motive: Der deutsche Markt ist attraktiv und rangiert bei den Exporten der Firma auf Platz eins vor Russland und England, und der Zoll auf Fasswein, der von Frankreich nach Deutschland importiert wird, war – wie erwähnt – deutlich geringer als der Import von Champagner in Flaschen. Im Gegensatz zu anderen französischen Kellereien, die ihren Produkten manchmal mit Phantasienamen nur den Anschein echten Champagners geben und wegen des Preisvorteils zu einer Bedrohung für die deutschen Schaumweinhersteller werden, steht Deutz & Geldermann für die hier hergestellten Schaumweine mit seinem guten Ruf ein. Dafür benutzte man Grundweine aus Frankreich, Deutschland oder Italien.

Mit rund einer halben Million Flaschen pro Jahr gehört Deutz & Geldermann zehn Jahre nach Aufnahme der Produktion zu den bedeutendsten Sektkellereien in Deutschland. Aus dieser Zeit stammt eine Anekdote, die der literarische Kabarettist Joachim Ringelnatz (1883 bis 1934) in seinen Memoiren wiedergibt (Joachim Ringelnatz, 1994). Sie spielte sich an einem Abend in der Münchener Künstlerkneipe „Simplicissimus“ ab:

„Mitunter wurde ich von Gästen eingeladen. So erging es uns Künstlern allen. Manchmal schwammen wir in Sekt. Es kam ein Direktor oder Vertreter von Deutz und Geldermann. Der hatte geschäftliches Interesse daran, eine gute Zeche in seiner Sektmarke zu machen. Er ließ uns Künstlern den Sekt nicht nur glasweise, sondern flaschenweise vorsetzen. Und Kathi (die Wirtin) trank mit. Und Klieber trank mit. Und die Kassiererinnen tranken mit. Und der Zentralaustralier trank mit. Bis wir kaum noch konnten. Dann schleppte ich zwei volle Flaschen in die Küche. Aber die Köchin und die Küchenmädchen winkten mir ab, auch sie waren schon voll von Deutz und Geldermann. Koppel ging mit mir beiseite. Wir wollten den Spendern einen Dank servieren. Ich dichtete rasch ein Verschen und Koppel intonierte es in Variationen am Harmonium.

Hast du einmal viel Leid und Kreuz
Stärk dich mit Geldermann und Deutz
Und geht's dir wieder besser dann
So trinke Deutz und Geldermann."

Die Gründerfamilien sind unterdessen längst französisch geworden. Als Pierre Geldermann, Enkel des deutschen Firmengründers, 1904 stirbt, geht die Firmenleitung auf die Familie Lallier-Deutz über. Hélène Deutz, die Enkelin des Firmengründers, hatte René Lallier geheiratet, der 1905 die Geschäftsführung übernimmt. Er wird als französischer Patriot beschrieben, der nur noch wenig Kontakt zur deutschen Verwandtschaft pflegt. Schon zu Beginn des Ersten Weltkrieges wird die Sektkellerei in Haguenau vom Staat enteignet und an den Sektfabrikanten Georg Geiling aus Bacharach am Rhein verkauft. Geiling hatte 1890 auch in Reims eine Champagnerkellerei eröffnet.

„Aussen-Ansicht" der Champagner-Kellerei DEUTZ & GELDERMANN, Filiale Hagenau i/E.

René Lallier-Deutz kämpft unterdessen von 1914 bis 1918 auf französischer Seite und erhält dafür hohe Auszeichnungen. Zeitweilig lässt er – damit kein Missverständnis hinsichtlich des deutsch klingenden Namens entsteht – auf den französischen Champagner-Etiketten den Zusatz drucken, dass der Hersteller französischer Offizier im aktiven Dienst ist.

1918, nach dem Sieg Frankreichs, geht alles wieder rückwärts: Die Kellerei in Haguenau wird den alten Besitzern zurückgegeben. Aber jetzt haben sich die Bedingungen geändert. Auf jede Flasche importierten Schaumwein nach Deutschland muss Zoll bezahlt werden. Lallier will aber den deutschen Markt nicht verlieren und entscheidet sich, das Sekthaus Deutz & Geldermann 1924 nach Breisach in Baden zu verlagern. Als idealen Standort hat er hier die alten Felsenkeller im Münsterberg ausfindig gemacht. Die Sektkellerei ist wieder deutsch, das Champagnerhaus in Ay bleibt französisch. „Deutz & Geldermann war in wirtschaftspolitischer Hinsicht die modernste, die europäischste unter den Sektkellereien: Geschäftsinteresse rangierte stets vor nationalistischen Ambitionen. In jeder Hinsicht war Deutz & Geldermann ein deutsch-französisches Unternehmen" (Barbara Kaufhold, 2002), resümiert Barbara Kaufhold in ihrer Doktorarbeit an der Ruhr-Universität in Bochum über „Deutsche Sektreklame von 1879–1918" aus dem Jahr 2002.

Dieser Spagat gelingt bis 1995. Das Unternehmen spaltet sich auf: Deutz bleibt in Ay als Champagnerhaus, Geldermann in Breisach als Sekthaus. 2003 wird Geldermann von den Rotkäppchen-Mumm Sektkellereien übernommen und firmiert in diesem Verbund als Premiummarke. Auch Deutz schafft den Erhalt der Eigenständigkeit nicht und wird von Roederer übernommen.

Die Geschichte der Grenzwinzer nach dem Krieg von 1870/71 wäre nicht vollständig, wenn man den Fall Mercier nicht erwähnen würde. Das Champagnerhaus mit Sitz in Épernay entschloss sich 1886, eine Niederlassung in Luxemburg zu eröffnen. Das noch junge Großherzogtum war mit Deutschland in einer Wirtschaftsunion – dem Zollverein – verbunden. Deswegen wollte auch Mercier mit der Dependance von dem genannten Profit durch die niedrigen Importzölle für Fasswein profitieren. Die Geschäfte zunächst in Fetschenhof liefen so gut, dass Mercier bald eine große Fabrik im Bahnhofsviertel von Luxemburg Stadt bauen konnte – dort, wo heute das Postgebäude steht. In den besten Zeiten Anfang des 20. Jahrhunderts exportierte Mercier zwischen 500.000 und einer Million Flaschen pro Jahr nach Deutschland und beschäftigte bis zu 300 Menschen. Das Märchen endete aber so plötzlich, wie es begonnen hatte. Mit der Besetzung Luxemburgs durch die Deutschen und ihre Verbündeten wurde Mercier 1915 die Ausfuhr nach Deutschland verboten. 1918 trat Luxemburg aus dem Zollverein aus und entzog damit dem lukrativen Geschäft die Daseinsberechtigung.

Die Mercier Kellerei im Bahnhofsviertel von Luxemburg.

Zu den Qualitätsstandards gehört die lange Reifung des Champagners im Keller.

# Das große Rad im Champagnergeschäft

Der letzte Champagner mit klarem, charakteristischem Eigengeschmack sei der 1893er gewesen, urteilt der französische, in England lebende Weinautor André Louis Simon (1877 bis 1970) in seinem 1905 erschienenen Buch „History of the Champagne Trade in England". Simon war nicht irgendwer, sondern einer der einflussreichsten Publizisten der internationalen Weinszene. Er gründete den „Wine Trade Club", einen Vorläufer des „Masters of Wine", sowie die „Wine & Food Society". In seiner Tradition (Simon schrieb über 100 Weinbücher) führten die bekannten Weinautoren Hugh Johnson und Michael Broadbent die Arbeit fort.

Das Urteil Simons aus dem Jahr 1905 kann man so heute nicht stehen lassen. Fakt ist: Champagner wird unter hohen Qualitätsstandards hergestellt. Gepriesen werden von Weintestern beispielsweise hochwertige Champagner aus dem Ausnahmejahr 2008 wie der Cristal Brut von Roederer (219 Euro), der Vintage Brut von Dom Pérignon (149 Euro), der Sir Winston Churchill Brut von Pol Roger (189 Euro) oder die Cuvée des Caudalies Blanc de Blanc Grand Cru Extra Brut von de Sousa (199 Euro). Alles Weine, die nach der zweiten Gärung zehn Jahre lang im Keller gereift sind und damit zu den Prestigeprodukten gehören, die sich Verbraucher mit einem Durchschnittseinkommen nicht leisten können und wollen.

Richtig ist aber auch: Nicht alle Champagner erfüllen den Genuss, den der Mythos verspricht. Das hat auch mit den ökonomischen Bedingungen der Branche zu tun. Champagner heute – das ist Business auf hohem Niveau. Und da wird in der Verkaufsstrategie gerne auf Masse gesetzt, um die Zurückhaltung der Verbraucher bei teuren Champagnern auszugleichen. Weltweit wurden im Jahr 2018 fast 302 Millionen Flaschen verkauft – das entspricht einem Umsatz von knapp fünf Milliarden Euro –, wobei mehr als die Hälfte in den Export gingen. Die USA, Großbritannien und Deutschland waren traditionell die besten Auslandsmärkte. Mittlerweile holen die asiatischen Länder kräftig auf. In Frankreich selbst wurden „nur" 147 Millionen Flaschen verkauft. Und gerade in Frankreich, aber auch in Deutschland, findet man im Supermarkt immer öfter Billig-Champagner zum Schnäppchen-Preis von zehn bis 15 Euro. Da fragt man sich schon, wie die Rechnung aufgehen kann, wenn man – neben dem hohen technischen Aufwand – für eine Flasche Champagner mindestens rund 1,2 Kilogramm Trauben benötigt und das Kilo mehr als sechs Euro kostet. Für Korken mit Drahtgeflecht, Flasche und Etikett muss man rund drei Euro rechnen.

Ein Risikofaktor in der Champagne ist das Wetter. Der Winter kann lang und sehr kalt sein, und im Sommer scheint nicht immer nur die Sonne. 1952 und 1969 z. B. war es im Jahresdurchschnitt sehr kühl und regnerisch. Die Erträge lagen nur bei rund der Hälfte der letzten Jahre. Im Frühjahr 1985 zerstörte der Frost 2000 Hektar Rebstöcke. Neben dem Wetter und schlechten Ernten gibt es einen weiteren Risikofaktor für die Branche: die Konjunktur. Am Champagnerkonsum wird sichtbar, ob es der Wirtschaft gut geht. Stimmen die Bilanzen, knallen die Champagnerkorken. Wenn allerdings weltweit Krisenstimmung herrscht, geht der Champagnerabsatz schnell in den Keller. 1992 war so ein schwarzes Jahr, als der Golfkrieg ausbrach. Die nächste Baisse kam 2007, als die Finanzkrise den Absatz zum Stocken brachte. Für Champagnerhäuser, die meist langfristige Lieferverträge mit den Winzern auf der Preisbasis der guten Vorjahre haben, kann das zum Problem werden. Schnell wechselt dann mal ein Unternehmen den Besitzer. Auch traditionsreiche Familienunternehmen mit deutschen Wurzeln sind davor in der Vergangenheit nicht gefeit gewesen.

1955 beteiligt sich die kanadische Gruppe Seagram am Kapital von Mumm und gewinnt 1972 die Mehrheit. Die Gesellschaft geht 2000 an Allec Domecq, dessen Gruppe wiederum 2005 von Pernod-Ricard übernommen wird, Nummer zwei in der Welt für Wein und Spirituosen. Mit fast acht Millionen vertriebenen Flaschen jährlich ist G. H. Mumm heute eines der größeren Champagnerhäuser. Nochmals angeführt: 1993 wird Champagner Deutz nach Liquiditätsproblemen von Louis Roederer übernommen, das mit 180 Hektar eigenen Weinbergen in besten Lagen zu einem der finanziell stärksten Champagnerhäuser in Familienbesitz zählt.

Im Jahre 2005 wird – wie erwähnt – das Champagnerhaus Taittinger von seiner Familie im Zuge einer Serie von Erbstreitigkeiten an den amerikanischen Pensionsfonds Starwood Capital verkauft. Der Berufsstand, also Champagnerhäuser, Winzer, Kooperativen, Händler und Kunden, ist von dieser Idee nicht begeistert, da die neuen Besitzer wenig Ahnung vom Champagnergeschäft haben und offenbar nur an der zu Taittinger gehörenden Hotelgruppe „Société du Louvre" interessiert sind. Schnell zeigt sich, dass die eher kurzfristigen Gewinnziele des Pensionsfonds nicht mit dem Champagnerbusiness vereinbar sind. Ein Jahr später gelingt es Pierre-Emmanuel Taittinger, dem Enkel des Firmengründers, das Champagnerhaus samt eigener Weinberge mithilfe der regionalen Sparkasse zurückzukaufen.

Das Unternehmen V. C.-P., das 1841 unter die Leitung des deutschstämmigen Édouard Werlé kam, wird wie beschrieben 1986 Teil des Luxusgüterkonzerns LVMH. Dabei spielt Joseph Henriot eine sehr aktive Rolle. Er tauscht das Champagnerhaus Henriot mitsamt seiner Weinberge gegen 11 Prozent Aktienanteile an Veuve Clicquot, wird Vorsitzender und einer der wichtigsten Aktionäre von Veuve Clicquot. Er ermöglichte es der Firma Louis Vuitton, das Champagnerhaus Veuve Clicquot zu übernehmen. Der nächste Schritt ist 1987 die Fusion mit dem Spirituosenhersteller Moët Hennessy, der Konzern LVMH (Louis Vuitton Moët Hennessy) ist geboren. Heute gehören die Marken Moët & Chandon, Veuve Clicquot-Ponsardin, Dom Pérignon, Krug, Ruinart und Mercier zu LVMH.

Auch die Unternehmen, die den Namen Heidsieck tragen, wechseln zum Teil mehrfach den Besitzer. Charles Heidsieck und Piper-Heidsieck gehören seit Mitte der 1980er-Jahre der Rémy-Cointreau-Gruppe an. 2011 werden sie für 410 Millionen Euro an die Holding EPI der Familie Descours wieder verkauft, zu deren Besitz auch das Château La Verrerie im südfranzösischen Luberon und das Brunello-Weingut Biondi Santi in der Toskana gehören. Heidsieck-Monopole wiederum gehört seit 1996 zum Vranken-Imperium. Der Belgier Paul-François Vranken war 1976 ins Champagnergeschäft eingestiegen. Nach dem Kauf mehrerer kleiner Unternehmen und Weingüter in Südfrankreich und Portugal übernimmt er 2002 das Champagnerhaus Pommery. Nach eigenen Angaben ist Vranken-Pommery heute das zweitgrößte Champagnerunternehmen mit weltweit 20 Millionen verkauften Flaschen. Dazu zählt unter anderem auch die frühere Marke Bissinger, die bei einem deutschen Discounter im Regal steht.

Das Champagnerhaus Bollinger zeichnet sich seit jeher nicht nur durch Champagner bester Qualität aus, sondern auch durch den Ruf einer unverfälschten Ethik und Traditionsverbundenheit. Zudem war und ist Bollinger, im Gegensatz zu vielen anderen prominenten Häusern, welche inzwischen zu großen Konzernen gehören, unabhängig und selbstbestimmend im Familienbesitz. Das Unternehmen besitzt ca. 152 Hektar Weinberge in den besten Crus, u. a. um Ay, Bouzy und Verzenay. 60 Prozent seiner Weinberge gelten als Grand Cru und weitere 30 Prozent als Premier Cru. Bollinger ist somit im Gegensatz zu vielen anderen Winzern in der beneidenswerten Lage, mehr als zwei Drittel bester Reben für die Produktion der 1,5 Millionen Flaschen/Jahr aus seinen eigenen Weinbergen zu gewinnen.

15.800 Winzer zählt die Champagne heute, 320 Champagnerhäuser und 140 Kooperativen – eine schier unendliche Vielfalt. Das Bild beherrschen allerdings die großen Marken mit ihren prachtvollen Villen und Weinkellern, über denen drinnen wie draußen ein Hauch von Luxus hängt. In Reims liegt fast an jeder Straßenecke ein prachtvolles Anwesen, die Avenue de Champagne in Épernay mit ihren „Châteaux" ist neben dem Hügel Saint Nicaise mit seinen Kalksteinhöhlen in Reims sowie den historischen Weinhängen zwischen Cumières und Mareuil-sur-Ay in die Welterbeliste der UNESCO aufgenommen worden. Das ist sozusagen das Sahnehäubchen für die Region und ihr Produkt.

Champagner für Siegertypen

Wenn James Bond die Frauen verführt, ist meistens auch eine Flasche Champagner mit im Spiel. Das hatte der Autor Ian Flemming der Figur bereits in die Wiege gelegt. Bei seinen Gespielinnen zeigt sich der Geheimagent nicht besonders wählerisch, vorausgesetzt, sie sind jung und hübsch. Aber was das prickelnde Getränk angeht, da kennt der englische Gentleman keine Kompromisse und pflegt seine Vorlieben auf hohem Niveau. Im ersten James-Bond-Film „Jagd auf Dr. No" (1962) ist es noch der Dom Pérignon, am liebsten der Spitzenjahrgang 1953. Und notfalls wird die Filmpartnerin auf der Bettkante auch noch über die richtige Trinktemperatur belehrt: „Mein liebes Mädchen", klärt er sie in „Goldfinger" auf, „es gibt Dinge, die tut man einfach nicht. Man trinkt zum Beispiel nie einen 53er Dom Pérignon, wenn er eine Temperatur über acht Grad hat. Das wäre genau so, als höre man den Beatles ohne Ohrenschützer zu."

In den 1970ern wird dann Bollinger allmählich die Hausmarke von 007, und davon gibt es nur die besten Flaschen. Zwischenzeitlich hatte sich nämlich der Produzent Albert R. Broccoli mit dem Chef des Champagnerhauses angefreundet. Roger Moore, Timothy Dalton, Pierce Brosnan oder Daniel Craig – alle Bond-Darsteller werden zu Figuren des Productplacements für Champagner, was Bollinger sich natürlich einiges kosten lässt. Denn mit Siegertypen lässt sich trefflich Werbung machen.

Das hatte man in der 1960er-Jahren – wenn auch zunächst durch Zufall – ebenfalls im Motorsport erkannt. 1966 erhielten die Porsche-Fahrer Jo Siffert und Colin Davis als Sieger der 24 Stunden von Le Mans eine Flasche Champagner für ihr Team überreicht. Wegen der Wärme löste sich der Korken von selbst, der Schweizer spritzte den Champagner daraufhin in die jubelnde Menge. Andere Sieger taten es ihm gleich – eine Tradition war geboren. Moët & Chandon (1966 bis 2000) und Mumm (bis 2015) stiegen als Sponsor bei der Formel 1 ein und richteten damit das Champagnerbad am Ende der Rennen aus. Aus Sicht des Autors ein eher unwürdiger Umgang mit dem prickelnden Getränk. Aber die Tradition hält sich hartnäckig. Mumm und danach Moët & Chandon wechseln stattdessen als Sponsoren in die Formel E, der elektrischen Rennkategorie. An ihre Stelle steigt Champagne Carbon aus Reims als Sponsor bei der Formel 1 und der Deutschen Tourenwagen-Meisterschaft ein. Das Besondere an diesem Schaumwein: Jede Flasche ist mit einer dünnen Kohlefaserschicht ummantelt und hat deswegen einen stolzen Preis: Mehr als 200 Euro. Alexandre Mea, Chef von Champagne Carbon zu dem Engagement laut der Zeitschrift „speed-magazin": „Unsere neue Partnerschaft mit der DTM ist absolut passend und steht für unser wachsendes Engagement im internationalen Motorsport und in der Luxusautomobilbranche."

Tennis ist zwar kein Sport nur mehr für Reiche, aber mit Siegertypen lässt sich auch hier für Champagner gut werben. Deswegen sponsert Lanson bereits seit über 40 Jahren das Turnier von Wimbledon. Moët & Chandon ist bei den US Open an der Seitenlinie präsent.

Bis 2016 durfte nach Formel-1-Rennen der Sieger Champagner von Mumm verspritzen. Dann wechselte der Sponsor in die Formel E.

## Champagner und die Frauen

Der deutsche Grafik-Künstler Horst Janssen schuf 1990 für das italienische Weingut Nitardi ein Etikett, auf dem ein Mann den roten Chianti Classico mehr oder weniger direkt aus der Brust einer Frau trinkt und ihn genüsslich die Kehle herunterlaufen lässt. In seiner Brust sammelt sich der Rebensaft zu einem herzförmigen Gebilde. Vielleicht hatte er sich von einer Legende inspirieren lassen, die sich seit nahezu 250 Jahren um die Formgebung eines der ersten Champagnergläser rankt. Danach soll die besonders im 19. Jahrhundert gebräuchliche flache Schale (frz. Coupe) dem Busen von Marie-Antoinette, der Frau des französischen Königs Ludwig XVI., nachgebildet sein. Man trank also damals und lange Zeit indirekt aus dem Busen der französischen Königin.

Dass die Tochter der österreichischen Kaiserin Maria Theresia einen verschwenderischen und leichtsinnigen Lebenswandel pflegte, war bekannt. Und der deutsche Einwanderer Florenz-Ludwig Heidsieck aus Ostwestfalen nutzte dies geschickt aus. Er hatte 1780 mit der Weinerzeugung begonnen und widmete einen seiner Champagner der damaligen Königin. Die war offenbar so begeistert von dieser Idee, dass sie Heidsieck persönlich empfing. Die Verbindung zum Champagner jedenfalls war da und ist durch ein Gemälde belegt, auf dem Heidsieck der Königin seine Aufwartung macht. Ob allerdings ihr Busen tatsächlich für die Formgebung der beliebten Champagnerschale diente, ist, wie gesagt, eine Legende.

Dabei ist die flache Form denkbar ungeeignet für den Champagner. Man konnte zwar herrliche Pyramiden damit bauen, was in Restaurants und bei Partys immer wieder gerne gemacht wurde. Man muss nur das oberste Glas so lange befüllen und überlaufen lassen, bis alle darunter stehenden Gläser gefüllt sind. Auf dem langen Weg dahin dürften die meisten Perlen sich schon verflüchtigt haben. (Laut dem Guinness-Buch der Rekorde war die größte Champagner-Pyramide etwas über sieben Meter hoch und bestand aus 33.081 Gläsern. Zum Einfüllen wurde ein Kran benötigt.)

Was aber abseits dieser Champagner-Folklore vor allem gegen die flache Schale spricht, ist, dass durch das Halten in der Handfläche der Champagner sich schnell erwärmt. Durch die breite Öffnung nach oben gehen die Perlage und kostbare Bukettstoffe obendrein schnell verloren. Im 19. Jahrhundert kam deshalb ein hohes, schlankes Glas in Mode, die Champagnerflöte. Allerdings transportiert diese Form den einzigartigen Geschmack doch noch nicht optimal in Richtung Nase, dazu ist das Glas oben zu weit offen. Dennoch hielt sich die Flöte über viele Jahrzehnte. Bis Glashersteller und Champagnerhäuser das mittlerweile perfekte Glas gefunden zu haben glauben: die Champagnertulpe. Es ist schlank und hoch wie eine Flöte, dazu allerdings ein wenig bauchig und nach oben hin wieder ein wenig enger werdend. Dadurch kann sich das Bouquet bestens entfalten und die Nase umspielen.

Das allerdings hielt das britische Modell Kate Moss, laut Wikipedia für ein exzessives Nachtleben bekannt und dem Alkohol nicht abhold, vor einigen Jahren nicht davon ab, ihre linke Brust als Form für ein Champagnerglas zur Verfügung zu stellen. „Was für eine Ehre an der Seite von Marie Antoinette“, meinte sie zu der Aktion. Die Künstlerin Jane McAdam Freud machte einen Abdruck und verwandelte ihn in Glas. Wer seinen Schaumwein indirekt aus der Brust von Kate Moss trinken möchte, muss schon nach London in den Stadtteil Mayfair fahren und in das „34 Myfair Restaurant“ gehen. Dort kann man auch gleich zwei linke Brüste von Kate Moss zum Preis von 340 Pfund kaufen.

Dass der Busen von Marie-Antoinette als Modell für den Champagnerkelch diente, ist eine Legende.

Nichts für Kunden von booking.com: das Hôtel du Marc in Reims

Ein Hotel, das man nicht buchen kann? – Davon gibt es weltweit nicht so viele. Eines davon liegt in Reims, Rue du Temple, gegenüber der Firmenzentrale des Champagnerhauses Veuve Clicquot, hinter einer Mauer in einem gepflegten Stadtpark. Und es ist eines, das die deutsch-französische Geschichte auf eine ganz besondere Art und Weise widerspiegelt.

Das „Hôtel du Marc" in Reims.

Hier, im „Hôtel du Marc", können nur Freunde, Familie und Geschäftspartner des Unternehmens übernachten. Kunden von booking.com müssen leider draußen bleiben. Manchmal werden die Gäste sogar mit dem „Veuve Clicquot"-Bentley vom TGV-Bahnhof abgeholt. Da er im Kofferraum über ein Picknick-Set mit Flaschenhaltern und -kühlern (natürlich für den hauseigenen Champagner) verfügt, eignet er sich auch für Überlandtouren durch die Weinberge der Champagne.

Das 1840 gebaute Haus ist im Besitz des Branchenführers der Luxusgüterindustrie LVMH. Im Ersten Weltkrieg wird es durch die Deutschen von zahlreichen Geschossen getroffen. Im Zweiten Weltkrieg suchte sich Otto Klaebisch, der Sonderbeauftragte der deutschen Besatzer, das Hôtel du Marc als seinen Dienstsitz aus.

Heute erstrahlt das Hôtel du Marc in neuem Glanz. Die alten Einschusslöcher in der Hauswand hat man bewusst sichtbar gelassen. Aber ansonsten ist alles vom Feinsten restauriert. Der Luxusgüterkonzern LVMH hat viel Geld in die Hand genommen. Dafür wurden zahlreiche Künstler und Designer engagiert. Andrée Putman hinterließ bei der Gestaltung der nur sechs Gästezimmer ihre Handschrift ebenso wie Karim Rashid, Tom Dixon und Mathieu Lehanneur. Einer der Räume ist in Eisblau gestaltet – eine Referenz an Russland, wohin Veuve Clicquot ihre ersten Champagner exportierte. Die Farbe im Treppenhaus orientiert sich am Ton des Pinot-Noir-Rebensaftes. Die Eingangshalle ziert ein riesiger Kronleuchter von Issey Miyake. In den Gesellschaftsräumen werden die besten Champagner des Hauses Veuve Clicquot verkostet. Und überall ist die Witwe in Bildern verewigt.

### Auf dem Weg zum Champagnermonopol

Im 19. Jahrhundert entwickelte sich der Champagner zu einem Verkaufsschlager. Die Produktionszahlen schossen in die Höhe. Allerdings mussten sich Winzer und Händler gegen immer mehr Weinbauregionen zur Wehr setzen, die ihrer Meinung nach das erfolgreiche Rezept kopierten und die Schaumweine als Champagner verkauften. Das traditionelle Verfahren kam Ende des 18. Jahrhunderts bereits im Jura bei den Weinen aus dem Arbois zum Einsatz. Die Weinbauern aus dem Limoux machten den Erzeugern aus der Champagne lange Zeit die Urheberschaft der Flaschengärung streitig, denn auch die Mönche aus der Abtei Saint-Hilaire beherrschten bereits im 16. Jahrhundert die Herstellung eines Schaumweines. Für die Champenois waren das alles „Schädelspalter".

Und deswegen zogen sie gegen die unliebsame Konkurrenz zunächst im eigenen Land zu Felde, mit dem Argument, seinen besonderen Charakter verdanke der Champagner nur den Trauben aus der Champagne. 1845 muss sich der oberste Gerichtshof auf der Basis des Gesetzes über Ursprungsbezeichnungen auf Anfrage einer Gruppe von Champagnerhäusern zum ersten Mal mit dieser Problematik befassen und entschied zu ihren Gunsten. 1882 wurde dann die erste Interessenvertretung gegründet: das Syndicat du commerce des Vins de Champagne. Das Ziel war, den Markt vor unliebsamer Konkurrenz zu schützen. 1891 gab es ein Urteil des Kassationsgerichtes in Paris gegen eine Kellerei aus Saumur, das den Alleinvertretungsanspruch der Region Champagne untermauerte. „Das Wort champagne bezeichnet nicht nur eine Fabrikationsart, sondern in erster Linie bezeichnet es den Ursprungsort", so die Richter, „infolgedessen kann es sich nur auf einen Wein beziehen, der in der dadurch kenntlich gemachten Gegend geerntet und hergestellt wird." Sie ließen sich auch von dem Einwand der Kellerei aus Saumur nicht beirren, dass die Händler viel mehr Champagner verkauften, als Trauben in der Champagne produziert würden, und dass da möglicherweise mit falschen Karten gespielt werde.

50 Jahre später, zur deutschen Besatzungszeit im Zweiten Weltkrieg, erfolgte dann die Gründung der Organisation, die bis heute die Interessen der Winzer und Handelshäuser in der Champagne vertritt und als halbstaatliche Organisation auch hoheitliche Aufgaben wahrnimmt: das Comité interprofessionel du vin de Champagne, kurz CIVC. An der Spitze steht ein Regierungskommissar, je ein Vertreter der Winzer und der Kellereien fungieren darunter. Sogar steuerähnliche Beiträge werden erhoben, basierend auf der Menge der Traubenernte und der verkauften Flaschen. Damit verfügt das Comité Champagne aktuell über einen jährlichen Etat von 19 Millionen Euro.

War es zum Zeitpunkt der Gründung 1941 eine Organisation, die sich insbesondere gegen zu große Willkür gegen die deutsche Besatzungsmacht starkmachte, wurden nach dem Krieg die Grundlagen für die weitere Expansion auf dem Weltmarkt und den Markenschutz gelegt. Zu der Zeit lag die Champagnerproduktion bei 32 Millionen Flaschen im Jahr. 1954 wurde in den USA das erste Auslandsbüro eröffnet, 1960 folgten die Auslandsvertretungen in Deutschland, Belgien und Großbritannien.

Bis heute sind in fast allen großen Ländern der Erde solche „Botschaften der Champagne“ entstanden, von Japan, China und Indien bis Brasilien. Überall wird für den Champagner geworben. Und vor allem wird penibel darauf geachtet, dass niemand den Begriff Champagner widerrechtlich benutzt. Diese Büros sind beauftragt, missbräuchliche Verwendungen der Bezeichnung „Champagne“ zu melden, um diese einvernehmlich zu unterbinden oder rechtliche Schritte einzuleiten. „Champagne ist ein attraktiver Begriff, Symbol für Feierlichkeit, Luxus und Qualität. Dieses positive Image weckt Begehrlichkeiten bei zahlreichen Herstellern, die die Ursprungsbezeichnung verwenden, um ihre Produkte oder Dienstleistungen aufzuwerten. Kosmetika, Getränke, Möbel und Dekoartikel, Lebensmittel, High-Tech – kaum ein Produkt entkommt der Champagne-Manie“, so heißt es dazu auf der Internetseite des CIVC. Das ist kaum von der Hand zu weisen, wie einige Fälle zeigen.

So verbot der britische High Court 1960 den Verkauf eines „Spanish Champagne“, 1984 musste in Frankreich die Zigarettenmarke „Champagne“ nach einem dreijährigen Rechtsstreit vom Markt genommen werden, 1987 wurde in Deutschland der Werbeslogan „Ein Champagner unter den Mineralwässern“ der Firma Perrier als Rufausbeutung der Appellation Champagne verboten. An einen Prozess in London erinnert sich der frühere Taittinger-Chef Claude Taittinger, der 1992 in seiner Eigenschaft als Präsident der großen Champagnermarken als Zeuge aussagen musste, in seinen Memoiren. Das CIVC hatte einen Prozess gegen die Firma Thorncroft Vineyards angestrengt, die ein alkoholfreies, kohlensäurehaltiges Getränk unter der Bezeichnung „Champagner-Holunder“ auf den Markt gebracht hatte. Frage des Richters: „Können Sie vor dem Gericht mit Sicherheit sagen, Herr Taittinger, dass das Risiko der Verwechslung für die englische Kundschaft besteht und dass diese ein Sodawasser kaufen könnte im Glauben, es handle sich um einen Ihrer ausgezeichneten Champagnerweine?“ Taittingers Antwort: „Wenn wir dem ersten Besten erlauben, unsere Fahne an sich zu reißen, dann besteht die Frage, wo und worauf errichtet wir diese wiederfinden werden“ (Taittinger, 1997).

Diese etwas pathetische Sicht der Dinge überzeugte die Richter nicht auf Anhieb, der Prozess wurde erst in zweiter Instanz gewonnen.

Noch länger, nämlich schon fünf Jahre, dauerte der Rechtsstreit zwischen dem CIVC und dem Discounter Aldi-Süd. Dabei ging es um ein „Champagner-Sorbet", das als einmalige Sonderaktion zu Weihnachten 2012 verkauft wurde und das aber bisher schon zahlreiche Gerichte beschäftigt hat. In erster Instanz gewann das Comité Champagne, vor dem Oberlandesgericht München siegte Aldi. Das CIVC ging in Revision vor den Bundesgerichtshof. Der setzte das Verfahren aus und legte die Problematik dem Europäischen Gerichtshof vor. Der bestätigte 2017 zwar den herausragenden Ruf der geschützten Ursprungsbezeichnung „Champagne". Überließ es aber dem Bundesgerichtshof zu entscheiden, ob zwölf Prozent Champagner als Inhaltsstoff die Bezeichnung Champagner-Sorbet rechtfertigen und ob es „als wesentliche Eigenschaft einen Geschmack aufweist, der hauptsächlich durch das Vorhandensein der Zutat Champagner in seiner Zusammensetzung hervorgerufen wird". Vermutlich hat das mittlerweile fünf Jahre alte Sorbet, wenn es denn überhaupt noch eine Probe davon gibt, überhaupt keinen Geschmack mehr, und deswegen verwiesen die BGH-Richter die Sache umgehend zurück an das Oberlandesgericht München zur Urteilsfindung im Licht der EuGH-Entscheidung.

Der Rechtsstreit um die „Champagner-Bratbirne" zog sich über Jahre hin.

Noch kurioser mutet der Streit um die „Champagner-Bratbirne" an. Jörg Geiger, Obstbauer und Wirt aus Schlat im Kreis Göppingen, verarbeitete seit 1997 die 1760 erstmals urkundlich erwähnte Frucht zu einem Schaumwein für heute 13,99 Euro die Flasche. Dann grätschte ihm das CIVC dazwischen. Der Schriftzug „Champagner" auf dem Etikett sei nur ein Blickfang, um das Produkt für Käufer interessanter zu machen.

In dritter Instanz musste sich einmal mehr der Bundesgerichtshof mit dem Thema beschäftigen. Das rief den NABU mit einer seitenlangen Expertise auf den Plan. „Der vollständige Sortenname der Champagner-Bratbirne ist charakteristisch und erforderlich, um sich gegenüber anderen sortenreinen Produkten abzuheben. Und dies schon hundert Jahre länger als es das Champagner-Verfahren gibt", so der NABU-Präsident in einer Stellungnahme (Internetseite des NABU). Jeder Verbraucher habe das Anrecht zu erfahren, woraus ein Produkt besteht. Das gelte auch für Birnenschaumwein aus der Champagner-Bratbirne. Wenn die Champagnerindustrie dies verhindern wolle, konterkariere sie die 1992 in Rio de Janeiro unterzeichnete Akte zur Erhaltung der biologischen Vielfalt und – ja – gefährde die einzigartigen Streuobstwiesen in Jörg Geigers Heimat Schwaben. Aber irgendwann hatte Geiger die Nase voll vom Prozessieren und akzeptierte einen Vergleich. Jetzt steht vorne auf dem Etikett „Birnenschaumwein aus der Bratbirne" und hinten drauf „Champagner-Bratbirne".

„Fern jeder Überlegung zur Qualität der verschiedenen Schaumweine können wir in Anbetracht der Belege bekräftigen, dass Champagner historisch gesehen der erste Schaumwein ist, der in einem bestimmten Gebiet – der Champagne – regelmäßig von lokalen Erzeugern produziert wird." Das schreibt Benoît Musset, Professor für neuere und neueste Geschichte an der Universität in Le Mans, in seinen Betrachtungen zur Geschichte des Weinbaugebietes und der Ursprungsbezeichnung Champagne auf der Webseite des Comité Champagne. Und in der Tat gab es vor und in Konkurrenz zu dem Champagner in Frankreich, der Schweiz, in Deutschland, Spanien, Italien oder Österreich viele Schaumweine, die es allerdings alle nicht schafften, die Art des Weines und ihr Herstellungsverfahren mit der Herkunftsregion zu verknüpfen. Es dauerte allerdings fast 200 Jahre, bis die Produzenten aus der Champagne ihren alleinigen Rechtsanspruch auf den Namen fast überall auf der Welt durchgesetzt hatten. In Russland gilt der EU-Markenschutz nicht und ist zum Ärger des Comité interprofessionel du vin de Champagne (CIVC) beim Schaumwein nach der traditionellen Flaschengärmethode immer noch die Rede von „Sovetskoye Shampanskoye". Dieses Produkt aus Aligoté- und Chardonnay-Trauben von der Krim wurde in der Ukraine seit Zar Paul I. mithilfe von Experten aus der Champagne hergestellt und in der Sowjetunion nach der Oktoberrevolution als „Champagner fürs Volk" produziert. Auch in den USA können die dort hergestellten Schaumweine straflos den Beinamen „Champagne" tragen, wenn die Marken vor März 2006 gegründet wurden und solange die geographische Herkunft den Champagner-Begriff auf dem Etikett begleitet (Kalifornisches Wein-Institut).

Der Leuchtturm von Verzenay wurde im Ersten Weltkrieg von der französischen Armee als Beobachtungsposten genutzt. Heute befindet sich darin ein Champagner-Museum.

### Auf Entdeckungstour

Es lohnt sich, auf Entdeckungstour zu gehen und auf eigene Faust in den zahlreichen Dörfern der Champagne vielleicht den einen oder anderen Produzenten aufzuspüren, der im kleinen Familienbetrieb gute Qualität zu (noch) relativ günstigen Preisen anbietet. Dafür bieten sich fünf Strecken auf der „Route Touristique du Champagne" durch das Massif Saint-Thierry, die Berge von Reims, das Marne-Tal, die Côte des Blancs und insbesondere die 70 Kilometer weiter südlich bei Bar-sur-Aube liegende Côte des Bar an. Die Côte des Bar nimmt nicht nur historisch eine Sonderstellung ein. Sie unterscheidet sich auch bei den dort angebauten Weinen ein wenig von der übrigen Appellation Champagne. Und dort landen per Bus oder TGV aus Paris nicht so häufig die internationalen Touristengruppen auf ihrem Weg durch Europa wie in Reims und anderen bekannten Orten der Champagne.

Troyes, dessen Straßenring rund um die Innenstadt die Form eines Champagnerkorkens hat, war im Mittelalter Sitz der Grafen von Champagne und blieb bis zur Revolution die Hauptstadt der Provinz Champagne. Doch die nördlichen

Nachbarn aus den Montagne de Reims und der Côte des Blancs blickten in puncto Wein immer etwas herablassend auf diesen Teil der Champagne. Sie bemühten sich Anfang des 20. Jahrhunderts auch nach Kräften, sie aus der Champagne-Appellation herauszuhalten, weil sie meinten, das Gebiet liege näher an der Region Burgund – was ja auch stimmt. Das führte – wie erwähnt – bei den Aubois zu heftigen Protesten und 1911 zu einem gewalttätigen Aufstand. Erst 1927 wurde die Region als Teil der Appellation offiziell anerkannt, allerdings wurde keiner seiner Weinberge als Grand Cru oder Premier Cru eingestuft. Heute wachsen hier überwiegend Pinot-Noir-Trauben, die von den Champagnerproduzenten mittlerweile aber sehr geschätzt werden, weil sie den Cuvées eine leichte und frische Note verleihen.

Einer der bekanntesten Hersteller ist Drappier in Urville, wo es früher eine Außenstelle der Abtei von Clervaux gab. Seine Keller gehören zu den ältesten und größten in Europa. Für private Empfänge in seinem Haus im nahe gelegenen Colombey-les-deux-Églises orderte Präsident Charles de Gaulle hier gerne seinen Champagner. Wer noch mehr über die Dörfer streifen will, kann das jedes Jahr am letzten Juli-Wochenende in mehreren Orten rund um Bar-sur-Seine bei der Veranstaltung „La Route du Champagne en fête“ tun. Für 25 Euro bekommt man ein Champagnerglas, ein „road book“ sowie ein Alkoholtestgerät (besser wäre es, das Auto stehen zu lassen oder vorher abzuklären, wer fährt!), zieht von Keller zu Keller und kann dort die Champagner probieren. Hier herrscht noch oft das Prinzip: Der verkaufte Champagner stammt aus einem Jahr und einer Rebsorte, also eigentlich ein Jahrgangs-Champagner, der sich aber bei früher Vermarktung nicht so nennen darf, weil er dafür nach der zweiten Gärung mindestens drei Jahre lang gelagert werden müsste.

Und wenn man einmal in der Gegend ist, sollte man auch die kleinen Orte Essoyes, malerisch an dem kleinen Fluss Ource gelegen, und Ricey besuchen. Ricey, die südlichste Gemeinde des Anbaugebietes Champagne, ist wegen ihrer Rosé-Weine berühmt, die seit 1971 den Status einer eigenen AOC haben.

Angebaut werden darf der Wein aus der Rebsorte Pinot Noir nur auf dem Gebiet der Gemeinde und vermarktet werden als Champagner, als Côteaux champenois oder Rosé des Riceys. Die Ernte ist relativ gering, die Jahresproduktion der 20 hier ansässigen Winzer beträgt nur etwa 60.000 Flaschen.

In Essoyes wiederum kann man auf den Spuren des Malers Auguste Renoir durch den Ort und die umliegende Landschaft wandern. Renoir hatte hier, im Geburtsort seiner Frau Aline Charigot, 1895 ein Haus gekauft und ein Atelier angebaut. Beides ist heute zu besichtigen. Renoir starb 1919 in seinem Haus in Cagnes-sur-Mer an der Côte d'Azur, begraben aber liegt er auf dem Friedhof in Essoyes. Das Wohnhaus ist bis heute in Familienbesitz.

Wenn man so durch die Champagne streift, dann merkt man: In die Champagne – früher ein bäuerlich geprägter, armer Landstrich in der Mitte Frankreichs – ist durch die Entdeckung und Perfektionierung der Flaschengärung viel Geld geflossen. Das hat der Region und den Menschen gutgetan, viele kleine Winzer haben dadurch ihr Einkommen deutlich erhöhen können. Neben dem Einkommen aus dem Weinbau bringen Millionen von Touristen Geld in die Region. Davon zeugen die Busse, die täglich aus Paris kommen und vor den Palästen in Reims und Épernay oder der Klosterkirche in Hautvillers, der Dom-Pérignon-Pilgerstätte, halten.

Doch der Reichtum ist ungleich verteilt – und das fällt oft spektakulär ins Auge. Ist man auf dem Land unterwegs, sieht man in den Dörfern überwiegend die typischen kleinen Winzerhäuser, eher praktisch und schmucklos. Kein Vergleich zu den Palästen und Villen in Reims oder auf der Avenue de Champagne in Épernay. Die Randbezirke von Épernay wirken dagegen ziemlich heruntergekommen. Und dann entdeckt man in der Nähe zwischen Oiry und Avize plötzlich auf der grünen Wiese drei riesige, flach gestreckte Gebäude. Hier hat Moët & Chandon ein neues Abfüllzentrum mit einer Kapazität von 100.000 Hektolitern oder 13 Millionen Flaschen errichtet, eine Kathedrale der Champagnerherstellung aus Beton, Glas und Edelstahl für 150 Millionen Euro aus eigenem Kapital.

Der Dachkonzern Louis Vuitton Moët Hennessy ist mit rund 20 Prozent (ca. 65 Millionen Flaschen pro Jahr) der mit Abstand größte Champagnerproduzent, gefolgt von der Gruppe Vranken-Pommery. Nimmt man noch die Genossenschaft Feuillatte und Traditionshäuser wie Mumm und Perrier-Jouët (Pernod-Ricard-Gruppe), Heidsieck, Taittinger oder Ayala hinzu, hat man schon mehr als ein Drittel der Jahresproduktion zusammen. Sie bestimmen mit ihren Produkten und ihrem Marketing das Bild und das Image des Champagners. Das Image von Glamour, High Society und Elite-Sport.

Die Vielfalt ist enorm: Es gibt rund 350 Champagnerhäuser und noch mehr Champagner-Marken.

# Stößchen – Der Sekt mausert sich

Mit einem Weihnachtsmotiv und dem schon seit 1936 bekannten Herrn mit weißem Oberlippenbart, seriös gekleidet im dunklen Anzug und mit Fliege, startet die Nachkriegswerbung für Henkell Trocken im Jahr 1951. Deinhard wirbt mit dem Bild einer Frau mit tiefem Rückendekolleté, die dem Betrachter zuprostet, und Matheus Müller zeigt eine Abschiedsszene am Zug mit der Losung: „Mit MM in den Urlaub – Ein gutes Omen für unbeschwerte Ferientage".

Der Alltag in Nachkriegsdeutschland kehrt allmählich zurück. Doch die Lage der deutschen Sektfabrikanten ist alles andere als unbeschwert. Die Produktion ist mit sechs Millionen

Flaschen auf den niedrigsten Stand seit Ende des Krieges gesunken. (Die Champagnerproduktion in Frankreich liegt unterdessen bereits wieder bei 36 Millionen Flaschen.) Noch immer wird eine hohe Sektsteuer erhoben, der sogenannte Kriegszuschlag von drei DM pro Flasche, der den Sekt für die meisten Menschen zum Luxus macht. Erst zum 1. November 1952 wird der 1941 eingeführte Kriegszuschlag abgeschafft, ab diesem Zeitpunkt gilt wieder die „normale" Sektsteuer von rund einer DM.

Und dann setzt in Deutschland das Wirtschaftswunder ein. Man gönnt sich wieder was nach den entbehrungsreichen Kriegsjahren. Das Gläschen Sekt gehört dazu, gerne wird auch eine Frucht-Bowle getrunken oder der Sekt mit Orangensaft vermischt. Die Hersteller können zufrieden sein, der Sekt-Absatz verzehnfacht sich bis 1965. Hinzu kommt, dass sie durch technische Verfahren die Kosten erheblich reduzieren können. Um den Unterschied zum Champagner deutlich zu machen, sind einige Anmerkungen zu diesen verschiedenen Verfahren unvermeidbar. Auch, weil die Qualität deutscher Sekte oder Schaumweine bis heute oft als minderwertig eingestuft wird. Dieses Pauschalurteil kann man allerdings so nicht gelten lassen.

Um überhaupt als Schaumwein zu gelten, muss der durch die Gärung erzeugte Druck in der Flasche mindestens drei Bar betragen. Was darunter liegt, gilt als Perlwein, bei dem die Kohlensäure meist nachträglich zugesetzt wird und der auch nicht der Schaumweinsteuer unterliegt. Das bei der Sektherstellung häufig verwendete „Transvasierverfahren" ist eine Mischform zwischen der traditionellen Champagner-Methode und der bei vielen Schaumweinen angewendeten „Charmate-Methode". Wie bei der klassischen „Champagner-Methode" erfolgt im Transvasierverfahren die zweite Gärung in der Flasche. Dann jedoch werden die Flaschen in Großbehälter umgefüllt. Hier werden die Heferückstände per Filter entfernt und die Versanddosage zugesetzt, welche bestimmt, ob der Schaumwein „herb" (brut), „trocken" (sec) oder „halbtrocken" (demi-sec) ist. Danach wird er im Drucktank dosiert und auf neue Flaschen gefüllt. Mit diesem Verfahren erspart man sich das aufwändige Rütteln und das Entfernen des Hefesatzes aus der Flasche von Hand, wie es bei der Champagner-Methode vorgeschrieben ist. Dauert die Reife auf der Hefe mindestens neun Monate, darf nach dem deutschen Weingesetz auch dieser Sekt als „Flaschengärung" verkauft werden. In den Handel darf Sekt nach dem Transvasierverfahren frühestens nach neun Monaten kommen.

Beim Großraum- oder Charmate-Verfahren findet die Vergärung und Lagerung des Mostes in Großraumbehältern statt. Beim Umfüllen in einen Gegendruckbehälter wird die Hefe ausgefiltert. Danach wird die Versanddosage zugesetzt. Mit dieser Methode können größere Mengen identischer und meist preiswerter Sekte hergestellt werden, wie sie in Deutschland zu Preisen schon ab 2,50 Euro verkauft werden. Nochmals erwähnt: Wenn man die Sektsteuer von rund einem Euro, Flasche, Korken, Drahtkorb, Etikett und Lohnkosten herausrechnet, kann man ungefähr ermessen, wie viel noch für den eigentlichen Inhalt, den Grundwein, übrig bleibt, der aus allen europäischen Anbaugebieten stammen kann.

Das eigentliche deutsche Pendant zum Champagner ist der Winzersekt. Die Trauben müssen von den eigenen Reben und damit aus dem jeweiligen Anbaugebiet kommen und nicht im Tanklastzug von irgendwoher im Ausland. Auch hier gilt, dass der Sekt mindestens neun Monate auf der Hefe reifen und nach dem klassischen Flaschengärverfahren hergestellt sein muss. Bis 1994 wurde in Deutschland dafür gerne der Begriff „Méthode champenoise" benutzt, dann wurde diese Bezeichnung untersagt. Auf dem Etikett muss stehen, aus welchen Trauben dieser Sekt gemacht wurde und aus welchem Jahrgang sie stammen.

Um die Verwirrung noch größer zu machen: Auch Crémant ist in der Europäischen Union und damit auch in Deutschland als Bezeichnung zulässig, als Abgrenzung zum Champagner und Sekt. Er entspricht im Wesentlichen dem Sekt bestimmter Anbaugebiete (b. A.). Bei Crémant muss das jeweilige Anbaugebiet angegeben werden. Dies alles ist in den seitenlangen Verordnungen der EU und im deutschen

Weinbaugesetz festgehalten, die selbst der interessierte Laie kaum versteht.

Aber die deutsche Sektindustrie ist trotz der verwirrenden gesetzlichen Bestimmungen in den vergangenen Jahrzehnten eigentlich ganz gut zurechtgekommen und hat das vor hundert Jahren im Versailler Vertrag ausgesprochene Verbot des Begriffs „Champagner" verdaut. Mit aktuell rund 350 Millionen Flaschen wird in keinem anderen Land in Europa so viel Schaumwein getrunken wie in Deutschland. Einher damit ging aber, wie in der Champagne, ein kontinuierlicher Konzentrationsprozess, die Großen schluckten die Kleinen. Aktuell dominieren Rotkäppchen-Mumm, Henkell und Schloss Wachenheim den Markt.

Zu Deutschlands umsatzstärksten Unternehmen entwickelt sich zum Erstaunen vieler das ehemalige DDR-Unternehmen Rotkäppchen. 1945 werden die Nachfahren von Kloss & Foerster – wie eingangs erwähnt – von den sowjetischen Besatzern enteignet und die Freyburger Sektkellerei als volkseigener Betrieb fortgeführt. Was der Beliebtheit der Produkte im sozialistischen Teil Deutschlands aber keinen Abbruch tut. Nach der Wende 1989 bricht der Absatz allerdings ein, das Unternehmen scheint – wie viele DDR-Betriebe – dem Untergang geweiht. Der Betriebsführung (Management-Buy-out) gelingt es schließlich mit Unterstützung des Investors Harald Eckes-Chantré, die Treuhand zu überzeugen und das Unternehmen fortzuführen.

Der Umsatz war auf knapp 15 Millionen DM gesunken. Rotkäppchen erholt sich langsam, und als 2002 die kanadische Seagram-Gruppe sich von ihren Traditionsmarken Mumm in Hochheim und „MM" in Eltville trennen will, erhält Rotkäppchen den Zuschlag. Fortan firmiert man unter „Rotkäppchen-Mumm", eine kleine Reminiszenz an den Champagnerhersteller mit deutschen Wurzeln. 2003 wird schließlich auch noch der Premium-Hersteller Geldermann in Breisach übernommen, der ja ebenfalls einmal in der Champagne angefangen hatte. Dort bestimmt nun wiederum ein Franzose, was im Keller geschieht: Marc Gauchey, ein gebürtiger Elsässer.

2018 schließlich knackt „Rotkäppchen-Mumm“ die Umsatzmilliarde, 660 Millionen davon macht der Sekt der Marken Rotkäppchen, Mumm, MM, Jules Mumm und Geldermann aus. Das entspricht 184 Millionen Flaschen und einem Marktanteil von knapp 54 Prozent. Insgesamt eine Erfolgsgeschichte der besonderen Art – mögen Edeltrinker ob einiger Produkte aus diesem Unternehmen auch noch so sehr die Nase rümpfen. Dabei ist „Rotkäppchen“ mittlerweile längst im Premiumbereich von Still- und Schaumweinen angekommen. 2018 kauft das Unternehmen den Prosecco-Produzenten Ruggeri, der vom renommierten italienischen Weinführer Gambero Rosso seit Jahren mit drei Gläsern die Höchstauszeichnung erhält. Im selben Jahr wird das traditionsreiche Bremer Weinhandelsunternehmen Eggers & Franke übernommen – und damit wird „Rotkäppchen“ indirekt zum Deutschland-Distributeur von Champagne Piper-Heidsieck. Da liegt die Frage nahe, wann der größte deutsche Sektproduzent unmittelbar bei einem Champagnerhaus einsteigt. Der Vorstandsvorsitzende Christof Queisser dazu: „Die Zeit wird es zeigen. Ausschließen will ich nichts.“

Die Rotkäppchen-Sektkellerei in Freyburg an der Unstrut.

Das westdeutsche Traditionsunternehmen Henkell, das Mitte des 19. Jahrhunderts in Mainz eine der ersten „Champagnerfabriken“ bauen ließ, wird 1986 von dem Mischkonzern des Unternehmers Rudolf-August Oetker übernommen. Zuvor hatte er sich schon Söhnlein Rheingold einverleibt, später folgten Deinhard sowie die Markenrechte für die Sektmanufaktur Menger-Krug in Deidesheim und zahlreiche Sekt- und Spirituosenhersteller in Osteuropa, Österreich und Italien (Prosecco Mionetto).

Von 1907 bis 1909 baute der Architekt Paul Bonartz den neuen Firmensitz „Henkellsfeld“ in Wiesbaden.

Mit Schloss Johannisberg, wo die Sektmarke Fürst von Metternich zu Hause ist, gehört darüber hinaus ein Vorzeigeweingut im Rheingau zum Unternehmensverbund. Auch in die Champagne, die Henkell mit seiner Niederlassung in Reims nach dem Versailler Vertrag verlassen musste, kehrte das Unternehmen durch die Übernahme des Hauses Alfred Gratien zurück. In Saumur an der Loire fand Henkell den Schaumweinproduzenten Gratien & Meyer, 2018 schließlich übernahm Henkell die Mehrheit beim spanischen Cava-Produzenten „Freixenet“. Insgesamt ein unglaublich vielschichtiges Portfolio, das das Unternehmen mit Sitz in Wiesbaden mittlerweile besitzt und das es zusammen mit den spanischen Partnern sowie mit den eigenen Marken „Carstens SC“, „Rüttgers Club“,

„Deinhard" oder „Fürst von Metternich" zum größten Schaumweinproduzenten in Europa macht. 2017 lag der Umsatz der Henkell-Gruppe bei 700 Millionen Euro, Freixenet erwirtschaftete 535 Millionen Euro.

Zum Unternehmensverbund Henkell zählt im Übrigen das Weingut G. H. Mumm, dessen Wurzeln bis zum Versailler Vertrag ebenfalls in der Champagne lagen. (Die Sektmarke Mumm landete bei „Rotkäppchen", s. dort.) Von dem Immobilienbesitz des traditionsreichen Unternehmens blieb aber in Deutschland nicht mehr viel übrig. Die 1903 in Frankfurt Sachsenhausen eingeweihte Villa Mumm, ein herrschaftlicher Palazzo mit mehr als 70 Zimmern auf einem 125.000 Quadratmeter großen Parkgrundstück, wurde 1937 an die Stadt Frankfurt verkauft. Die Familie konnte sich nach dem Verlust des Besitzes in der Champagne den luxuriösen Lebensstil nicht mehr leisten. Während des Krieges residierte hier die Wehrmacht, nach 1949 sollte es für den Fall, dass Frankfurt statt Bonn Bundeshauptstadt wird, Sitz des Bundespräsidenten werden. Daraus wurde bekanntlich nichts, stattdessen übernahmen zunächst die Amerikaner das Gebäude, dann zogen die Oberpostdirektion und die Organisation Gehlen, der Vorgänger des Bundesnachrichtendienstes, hier ein. Seit Mitte der 1950er-Jahre nutzt das Bundesamt für Kartographie und Geodäsie das Gebäude.

Die Villa Mumm in Frankfurt ist heute Sitz des Bundesamtes für Kartographie und Geodäsie.

Die Burg Schwarzenstein, 1875 in der Form einer künstlichen Burgruine als Sommerhaus der Familie Mumm mit Blick über das Rheintal gebaut, wurde 1957 von Rudolf-August Oetker übernommen. Heute ist dort ein Hotel mit drei Restaurants beheimatet. Das ehemalige Weingut von Mumm auf dem Johannisberg im Rheingau existiert auch nicht mehr. Der Betrieb wurde am Schwesternweingut Schloss Johannisberg konzentriert, auf dem Gelände bleiben nur drei Gebäude aus Denkmalschutzgründen erhalten, der Rest des Areals wird zu einem neuen Wohngebiet umgebaut.

Dritter großer Player im deutschen Sektgeschäft ist die Schloss Wachenheim AG. Namensgeber ist eine der ältesten Schaumweinfabriken Deutschlands in Wachenheim bei Bad Dürkheim an der Weinstraße. In den 1990er-Jahren wurde sie nach turbulenten Ereignissen von der Trierer Sektkellerei Faber und deren Mehrheitseigentümern, der Familie Reh, übernommen. Neben den Sektmarken Faber und Feist sind hier auch der Nymphenburg Sekt und „Kleine Reblaus", ein weinhaltiger Cocktail, zu Hause. Außerdem das traditionsreiche Weingut „Reichsgraf von Kesselstadt" bei Trier mit 46 Hektar Anbaufläche an Mosel, Saar und Ruwer. Rund zwei Drittel des Konzernumsatzes von rund 325 Millionen Euro werden aber im Ausland erwirtschaftet. Hinter dem Unternehmen steht ein Großaktionär, die Günter Reh AG in Leiwen an der Mosel.

Neben diesen Großen, die auch immer mehr Sekt-Mixgetränke für jüngere Konsumenten im Angebot haben, gibt es eine Vielzahl von kleinen Kellereien, die sich vor allem an der Qualität des Champagners orientieren und auf die klassische Flaschengärung setzen: Kessler Sekt z. B., jene Firma aus Esslingen, die auf den ehemaligen Partner der Veuve Cliquot zurückgeht und sich als älteste deutsche Sektkellerei bezeichnen darf. Nach einer Insolvenz im Jahr 2005 geht es mit neuen Gesellschaftern weiter. Auch Schloss Wackerbarth, das sächsische Staatsweingut, ist hier zu nennen. Als Sprachrohr dieser traditionellen und handwerklichen Form der Sektbereitung versteht sich der Verband der traditionellen klassischen

Sektmacher, an dessen Spitze Volker Raumland aus Flörsheim-Dalsheim in Rheinhessen steht.

Raumland ist in puncto Sekt ein Enthusiast, der in den vergangenen Jahren für seine Flaschengärungen eine Auszeichnung nach der anderen erhielt. „Ich will und kann ja keinen Champagner kopieren", sagt er in Interviews, „aber oft ist doch eine verblüffende Verwandtschaft festzustellen." Das Urteil über ihn ist überwältigend positiv: „Das Sekthaus Raumland nimmt den Spitzenplatz ein, da sind wir und die Fachwelt einer Meinung. Volker Raumland hat deutschen Sekt auf ein anderes Niveau gehoben, er ist Pionier, und ihm sind viele deutsche Winzer gefolgt", urteilt das Magazin „Feinschmecker" im November 2020. Im selben Jahr trat Raumland dem VDP bei – als bisher einziges Sekthaus.

2019 trat der Verband der Sektmacher als Ganzes dem Verband Deutscher Sektkellereien bei, der seit 1892 die Interessen der Branche vertritt. Man möchte intern Druck machen, um das Thema Qualitätssekt in Deutschland stärker in den Mittelpunkt zu rücken. Im Verband deutscher Sektkellereien dominieren die Großen wie Rotkäppchen-Mumm, Henkell und Schloss Wachenheim. Der bisherige Präsident, Nikolaus Graf von Plettenberg von der Sektmanufaktur Schloss Vaux, steht auf ihrer Seite, bremst aber den Optimismus, was beispielsweise die schnelle Einführung neuer Gütesiegel angeht. Dass sich hier etwas tun muss, davon ist auch er überzeugt. Wie es unter seinem Nachfolger Christof Queisser vom Branchenführer Rotkäppchen-Mumm weitergeht, muss sich zeigen. Mitte Mai jeden Jahres veranstalten die Mitgliedsbetriebe unter dem Motto „It's all about Sekt" den deutschen Sekttag und versuchen so, das prickelnde Getränk stärker ins Bewusstsein der Bevölkerung zu bringen. Bei der Massenware funktioniert das. Laut Statistischem Bundesamt wurden im Jahr 2022 in Deutschland 267,8 Millionen Liter Schaumwein abgesetzt. Im Durchschnitt konsumierte somit jede Person ab 16 Jahren hierzulande ungefähr fünf Flaschen Schaumwein – oder 38 Gläser à 0,1 Liter.

Raumland und die Flaschengärer sind nicht die Einzigen, die beim Thema Sekt in Deutschland stärker auf hohe Qualität setzen. Viele kleine Betriebe stellen mittlerweile Winzersekte her, die sich mit der Konkurrenz französischer Crémants und auch Champagner durchaus messen lassen. Das Pfälzer Weingut Reichsrat von Buhl hat in dieser Hinsicht Pflöcke eingeschlagen. 2013 war es den Deidesheimern gelungen, den früheren Kellermeister des Champagnerhauses Bollinger, Mathieu Kauffmann, abzuwerben.

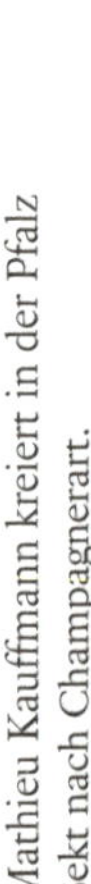

Mathieu Kauffmann kreiert in der Pfalz Sekt nach Champagnerart.

Weingut Reichsrat von Buhl.

Mit rund 200.000 Flaschen gehört das traditionelle Weingut zu den namhaftesten und auch mengenmäßig bedeutenden Erzeugern hochwertiger Flaschengärsekte. Kauffmann gilt als Qualitätsfanatiker, und bereits die ersten Sekte, die unter seiner Ägide auf den Markt kamen, wurden von Kritikern mit großem Lob bedacht. In Interviews lässt er durchblicken, warum er aus der Champagne in die Pfalz gewechselt ist. „In der Champagne herrschen Standes- und Kastendenken, man ist entweder arm oder reich, oben oder unten, links oder rechts. In der Pfalz hingegen sitzt der Chef beim Weinfest Schulter an Schulter neben seinen Arbeitern, denn hier ist man solidarisch statt snobistisch, egalitär statt elitär", zitiert ihn die „FAZ". Und es reizt ihn, aus den besten Riesling-Trauben einen Premium-Schaumwein zu machen. „Was für ein Glücksgriff für Buhl, die Pfalz und alle, die in den Genuss dieser hervorragenden Schaumweine kommen", schwärmten Weinhändler und Fachpresse. 2019 wurde der Sektmacher Kauffmann vom Weinführer Gault&Millau zum Winzer des Jahres gekürt.

Doch das Ende bei von Buhl kam 2019 genauso plötzlich wie sechs Jahre zuvor sein Wechsel aus der Champagne in die Pfalz. Es war vorbei mit der Harmonie der vormaligen Partner, die so Großartiges vorhatten. Kauffmann verließ das Unternehmen Knall auf Fall – um nur wenige Monate später an der Seite des VDP-Präsidenten Steffen Christmann und seiner Tochter wieder aufzutauchen und in Gimmeldingen in der Pfalz ein gemeinsames Sektgut mit dem Namen Christmann & Kauffmann zu gründen. Zufall oder Fügung? Aus Riesling- und Burgunder-Trauben entstehen seitdem Winzersekte aus besonderen Lagen, die genau jenem hohen Anspruch entsprechen, den der VDP in seinem 2018 beschlossenen Sektstatut formuliert hat. Es gibt seitdem VDP-Sekt (mindestens 15 Monate Hefelager) und VDP-Sekt Prestige (mindestens 36 Monate Hefelager); die Trauben müssen aus eigener Erzeugung stammen und dürfen – wie in der Champagne – ausschließlich von Hand gelesen werden.

„Deutschland und Spitzenschaumwein? Wie eng beides miteinander verbunden ist, zeigt ein kurzer Blick nach Frankreich", erinnern sich die hiesigen Spitzenwinzer im VDP-Sektflyer mit dem Hinweis auf Namen wie Bollinger und Krug, dass Deutsche einmal entscheidend daran mitgewirkt haben, Schaumwein zum weltweiten Prestigegetränk zu machen. Das Sektsiegel werde nur Schaumweinen verliehen, die – ähnlich wie in der Champagne – strengste Qualitätskriterien erfüllen und entsprechende Prüfungen durchlaufen. „Mit unserem VDP-Sektstatut wollen wir Weinliebhabern in Deutschland und international einen Qualitätskompass an die Hand geben, der ihnen am Weinregal hilft, sich angesichts des breiten Angebotes zu orientieren", so VDP-Präsident Christmann. Noch befindet sich Volker Raumland mit seinem „Mon Rose Grande Cuvée Extra Brut 2011" (Pinot Noir, Chardonnay und Schwarzriesling), der zehn Jahre auf der Hefe gereift ist, mit 135 Euro (Stand Ende 2023) preislich knapp hinter einem „Bollinger La Grande Année 2014" (Pinot Noir und Chardonnay) für 170 Euro. Aber in der Qualität liegen Champagner und Spitzensekt aus Deutschland mittlerweile gleichauf, wie zahlreiche Blindverkostungen gezeigt haben. Ähnlich ist es mit Cava aus Spanien oder Prosecco aus Italien oder mit Crémant aus den französischen Weinbauregionen. Nach Ende der Corona-Pandemie kletterten überall – inclusive der Champagne – die Verkaufszahlen zunächst einmal auf neue Höchstwerte.

Der Crémant aus Frankreich knackte im Jahr 2022 mit erstmals über 100 Millionen verkauften Flaschen eine magische Schwelle, die der Verband Fédération Nationale des Producteurs et Élaborateurs (FNPEC) erst für 2025 anvisiert hatte. Gegenüber dem Vorjahr bedeutete das einen Anstieg von sechs Prozent. Der größte Anteil von Crémants aus Frankreich stammt mit 37 Prozent aus dem Elsass, gefolgt von den Anbaugebieten Loire und dem Burgund. Je nach Region und Ernte wird bereits von einer drohenden Knappheit gesprochen.

Die Champagnerproduzenten merken natürlich, welche Konkurrenz da weltweit herangewachsen ist. „Champagner macht nur noch zehn Prozent der weltweiten Schaumweinproduktion aus. Vor 150 Jahren waren es 100 Prozent. Dann haben unsere deutschen Freunde angefangen, Sekt zu produzieren, und unsere russischen Freunde Schampanskoje auf der Krim, und im Laufe des 20. Jahrhunderts sind wir aus der Champagne ausgezogen, um die Schaumweinproduktion in Nordamerika, Lateinamerika, Spanien, Australien oder Neuseeland aufzubauen", so beschrieb mir Stephen Leroux, Chef des Hauses Charles Heidsieck, die Situation. Aber solange die Champagne den Mythos und die Einzigartigkeit ihres Schaumweines bewahren kann, müssen sich die Winzer wohl keine ernsthaften Sorgen um ihre Existenz machen.

Auch Henkell will bei diesem Trend zu mehr Qualität beim deutschen Sekt nicht zurückstehen. In der Wiesbadener Firmenzentrale wurde eine Sektmanufaktur geschaffen, in der die Weine für den Qualitätssekt Menger-Krug aus Weinen der Pfalz und Rheinhessen vinifiziert werden.

# Champagner oder Sekt? Beides!

Jakob Strobel y Serra brachte es im Oktober 2018 in der „Frankfurter Allgemeinen Zeitung“ so auf den Punkt: „Es hat sehr lange gedauert, bis sich unser französischer Erbfreund endlich revanchiert und für all das Gute erkenntlich gezeigt hat, das wir ihm angetan haben. Den Westfalen Florenz-Ludwig Heidsieck, den Württemberger Jacob Bollinger, den Mainzer Johann Krug, den Aachener William Deutz und die Kölner Brüder Gottlieb, Jacobus und Philipp Mumm haben wir ihm vor langer Zeit nach Reims, Épernay und Ay geschickt, um legendäre Champagnerhäuser zu gründen, deren Ruhm bis heute in aller Welt erstrahlt. Doch erst vor fünf Jahren kam der Dank retour: Mathieu Kauffmann, dreizehn Jahre lang Kellermeister des sagenumwobenen Hauses Bollinger, wechselte zum Pfälzer Weingut Reichsrat von Buhl, mit der erklärten Absicht, deutschen Winzersekt auf Champagner-Niveau zu keltern“ (Pressemitteilung des VDP).

Mit feiner Ironie kreiert der Feuilletonist der „FAZ“ hier einen sympathischen Gedanken, der allerdings an der Realität vorbeigeht. Bei meinem Gespräch mit Mathieu Kauffmann hatte ich nicht den Eindruck, als ob er mit altruistischen Gedanken von der Champagne in die Pfalz gewechselt ist. Und auch während meiner Recherchen in der Champagne in den Häusern Krug, Bollinger, Heidsieck, Deutz, Mumm, Veuve Clicquot und Taittinger sowie den Interviews für eine deutsch-französische Fernseh-Dokumentation habe ich keineswegs den Eindruck gewonnen, als wollten die Champagnerhäuser und ihr Interessenverband irgendetwas an „die Deutschen“ zurückgeben. Wozu auch gar kein Anlass besteht. Den guten Ruf, den deutscher Sekt bis in die 1930er-Jahre besaß und der in der Zeit nach dem Zweiten Weltkrieg durch Massenware hinlänglich verspielt wurde, müssen die deutschen Winzer und Sekthäuser schon selber zurückerobern. Dabei sollte man sich auf die Pionierarbeit besinnen, die Heidsieck, Bollinger, Krug und Co ihrerzeit in der Champagne geleistet haben.

Und es gibt Ansätze, die hoffnungsvoll stimmen. So, wie in den 1990er-Jahren durch den Verband Deutscher Prädikatsweingüter (VDP) eine Trendwende im Weinbau eingeleitet wurde, geschieht dies jetzt auch in kleinem Maßstab beim Sekt. Die Zeiten, in denen ein Fass Wein versektet wurde, nur weil der Winzer sonst nichts damit anzufangen wusste, sollten vorbei sein. Die Tatsache, dass auf vielen Ebenen über ein neues Image für den deutschen Sekt gestritten wird und die Qualität steigen soll, ist ein gutes Zeichen. Den Mythos des Champagners wird der deutsche Sekt damit nicht zerstören. Aber – davon bin ich überzeugt – mit seiner Vielfalt an Rebsorten wieder zu einem ernsthaften Konkurrenten werden. „Heute wird kein Sekt geöffnet, sondern Champagner", diesen Satz hört man zu besonderen Anlässen des Öfteren. Ich kann nur sagen: Ich trinke beides gerne.

Wer sich eingehender mit der Thematik von Champagner und Sekt beschäftigt, wird auch Einblicke in ein besonderes Kapitel der deutsch-französischen Geschichte erhalten. Da gab es die Einwanderer aus Deutschland, die sich sehr schnell assimilierten und mit dafür sorgten, dass Champagner zum französischen Kulturgut wurde. Und da gab es die Perioden der „Erbfeindschaft" und der Kriege, die dem französischen Champagner in Deutschland den Stempel der Dekadenz aufdrückten. Verbunden mit dem patriotischen Aufruf, den eigenen deutschen Sekt zu trinken. Erfreulicherweise sind diese Zeiten vorbei.

In der Avenue de Champagne in Épernay findet man einige der namhaftesten Champagnerhäuser.

Autor Volker Hildisch vor dem Restaurant „Le Procope“ in Paris.

# Geschmacksfragen

## Die französische Küche – einzigartig in der Welt

Die französische Gastronomie hat eine reiche und faszinierende Geschichte, die bis ins Mittelalter zurückreicht und die in keinem anderen europäischen Land eine solch wichtige kulturelle Rolle spielte. Im Laufe der Jahrhunderte entwickelte sie sich zu einer Kunstform, die von königlichen Höfen, Adligen und später von der breiten Bevölkerung zelebriert wurde. 2010 nahm die UNESCO das gastronomische Mahl der Franzosen in die Liste des immateriellen Welterbes der Menschheit auf. Dieser Titel würdigt nicht nur die Kochkunst selbst, sondern auch die damit verbundenen Praktiken, Kenntnisse und Rituale. Die Entwicklung der Haute Cuisine aus dem königlichen und aristokratischen Umfeld heraus zu einem demokratischen Event zunächst für ein begütertes Bürgertum und ihr Zusammenhang mit ihrer Entwicklung des Champagners sind faszinierende Aspekte ihrer kulinarischen Geschichte, die auf verschiedene Weise miteinander verflochten ist. Die Weinberge, Häuser und Weinkeller der Champagne wurden 2015 ebenfalls in die Liste der Welterbestätten der UNESCO aufgenommen.

Im Laufe des 19. Jahrhunderts wurden die sozialen Strukturen in Europa und der westlichen Welt zunehmend aufgebrochen. Die Industrialisierung führte zu einem wachsenden Bürgertum, das über finanzielle Ressourcen verfügte und ein Interesse an gehobener Küche entwickelte. Darüber hinaus spielten bei der Entwicklung der Haute Cuisine technologische Fortschritte eine wichtige Rolle. Die Verbesserungen in den Transport- und Konservierungstechniken ermöglichten den Zugang zu hochwertigen Zutaten, die zuvor nur den oberen Klassen vorbehalten waren. Exotische Gewürze, seltene Früchte und edle Lebensmittel wie Austern und Kaviar wurden nun auch für andere soziale Gruppen leichter verfügbar. Parallel dazu wuchs das Angebot an Champagner, und so wurden die Menschen ermutigt, ihn bei festlichen Anlässen und beim

Genuss hochwertiger Speisen zu konsumieren. In der Haute Cuisine wurde Champagner zu einem festen Bestandteil der Menüs und trug dazu bei, das Gesamterlebnis zu bereichern. Er wurde nicht mehr nur als Begleitung für den Aperitif oder den Abschluss einer Mahlzeit betrachtet, sondern auch als Zutat in verschiedenen Gerichten und Saucen verwendet. Die sprudelnde Eleganz des Champagners passte perfekt zur raffinierten Hochküche und ergänzt die Aromen und Texturen auf einzigartige Weise. Eine faszinierende Verbindung, die von berühmten Köchen vorangetrieben wurde. Sie traten allmählich heraus aus dem Status der Leibköche, machten sich – beginnend in der Hauptstadt Paris – selbstständig und schufen eine ausgeprägte Restaurantkultur.

Marie Antonin Carême –
Küchenlegende der napoleonischen Zeit

Das außergewöhnliche Talent von Marie Antonin Carême und seine Innovationskraft revolutionierten die kulinarische Welt des 19. Jahrhunderts. Mit seinen Kreationen und seiner Theorie zur französischen Kochkunst hat er die Art und Weise, wie wir über Essen denken, maßgeblich geprägt.

Carême wurde am 8. Juni 1784 in Paris geboren. Er wuchs in ärmlichen Verhältnissen auf und arbeitete bereits im zarten Alter von zehn Jahren als Küchenjunge in einer Pariser Patisserie. In den Folgejahren der Revolution von 1789 und der anschließenden napoleonischen Zeit entwickelte sich das Bürgertum zu einem immer stärker bestimmenden Teil der Gesellschaft. Darin lag die Chance für die Köche, sich selbstständig zu machen.

Carême zeigte frühzeitig seine außergewöhnlichen Fähigkeiten und eröffnete nach einer Ausbildung zum Koch und Konditor 1803 seine eigene Konditorei in der Rue de la Paix. Zu seinen Kunden gehörten neben dem Bankier und Außenminister Charles-Maurice de Talleyrand-Périgord zahlreiche andere bedeutende Persönlichkeiten. Carême war nicht nur ein begnadeter Koch, sondern auch ein Visionär und Theoretiker. Er entwickelte ein umfangreiches System zur Organisation der

Küche und prägte die Klassifikation der Saucen, die bis heute in der französischen Küche verwendet wird. Sein Werk „L'Art de la Cuisine Française au dix-neuvième siècle" ist eine umfassende Enzyklopädie der französischen Gastronomie und enthält zahlreiche Rezepte, Techniken und Ratschläge für Köche.

Carêmes atemberaubende Präsentationen und sein Einsatz für die Haute Cuisine haben ihm den Ruf als „König der Köche und Koch der Könige" eingebracht. Die Hochphase seines Schaffens lag in der Zeit, als die meisten Champagnerhäuser gegründet wurden. Nach einem bewegten Leben mit Aufenthalten in England, Russland und Österreich starb er 1833 im Alter von nur 48 Jahren in Paris.

## Auguste Escoffier: Der Vater der modernen Gastronomie

Auguste Escoffier war ein visionärer französischer Küchenchef des späten 19. und frühen 20. Jahrhunderts, der als Vater der modernen Gastronomie gilt. Sein Einfluss auf die kulinarische Welt ist bis heute spürbar, und sein Erbe lebt in den Küchen der besten Restaurants weltweit fort.

Geboren wurde Escoffier am 28. Oktober 1846 in Villeneuve-Loubet. Es war – wie erwähnt – die Zeit, in der gutes

Essen und die Gastronomie für die Bourgeoisie einen immer größeren Stellenwert bekamen. Zwischen 1852 und 1870 wurden die Pariser Hallen gebaut, um die Versorgung der Hauptstädter mit frischen Lebensmitteln zu gewährleisten. Aus verschlafenen Seebädern an der Atlantikküste wurden dank der Eisenbahnverbindungen mondäne Städte, in denen sich die Reichen und viele Künstler tummelten. In den Kasinos und Luxushotels amüsierten sie sich bei Austern und Champagner. Hier und im Hinterland an der Seine lebte Claude Monet, als Maler der Wegbereiter des Impressionismus und als Privatmann ein leidenschaftlicher Koch mit einem großen Kräutergarten. Wenig bekannt ist, dass auch der Maler Henri Toulouse-Lautrec ein begeisterter Hobbykoch war, der seine Freunde mit großen Diners und mal einfachen und mal phantasievollen Gerichten erfreute. Die brachte er in Skizzen auf Menükarten zu Papier.

Escoffier zeigte schon in jungen Jahren eine Leidenschaft für das Kochen und trat mit 13 Jahren seine Ausbildung im Restaurant seines Onkels an. Nach einigen Zwischenstationen heuert er mit 19 Jahren im Petit Moulin Rouge in Paris an. Dort entdeckte er sein Talent für die Entwicklung von innovativen Gerichten und die Verfeinerung bestehender Rezepte. Im deutsch-französischen Krieg 1870/71 gerät er bei Metz in deutsche Gefangenschaft. Als vormaliger Küchenchef beim französischen Generalstab kocht er während seiner Gefangenschaft für den französischen General Mac-Mahon, der in Wiesbaden inhaftiert war.

Als wegweisend für sein weiteres Leben sollte sich das Zusammentreffen mit César Ritz erweisen, der sich vom Kellner zum Hoteldirektor hochgearbeitet hatte. Er leitete das neue Savoy-Hotel in London, Escoffier folgte ihm als kongenialer Küchenchef. Ritz eröffnete in der Zeit der Belle Époque weitere Hotels, das erste unter seinem Namen 1898 an der Place Vendôme in Paris. Escoffier wurde auch hier Küchenchef und arbeitete in den Folgejahren in London und Paris, zwischenzeitlich auch mal in den USA oder als Küchendirektor der Hamburg-Amerika-Linie, wo er auch zweimal für den deutschen Kaiser Wilhelm II. kochte. Seine Hoffnung, dass dieser die Annäherung von Deutschland und Frankreich vorantreiben würde, erfüllte sich nicht. Im Ersten Weltkrieg starb Escoffiers Sohn durch eine deutsche Kugel.

Escoffier war aber nicht nur ein herausragender Koch, sondern Autor bahnbrechender Bücher über Kochkunst und Gastronomie, darunter „Le Guide Culinaire“ (1903), ein umfassendes Nachschlagewerk für Köche, das bis heute als ein Meisterwerk der kulinarischen Literatur gilt. In diesem Buch definierte Escoffier die klassische französische Küche und kategorisierte zahlreiche Rezepte und Zubereitungstechniken. Er führte das „à la carte“-Menü ein, das bis heute Standard in der Gastronomie ist. Berühmt sind seine Gerichte wie das Seezungenfilet Coquelin, Homard à l'americaine, Geflügel à la Derby, Birne Hélène sowie die Dessert-Creation Pfirsich Melba, die er der australischen Sopranistin Nellie Melba gewidmet hatte.

Darüber hinaus hatte Escoffier einen großen Einfluss auf die Art und Weise, wie Küchen organisiert und betrieben werden. Er entwickelte das Brigade-System, bei dem die Küchenmitarbeiter in verschiedene Abteilungen aufgeteilt sind und klare Verantwortlichkeiten haben. Dies verbesserte nicht nur die Effizienz und Produktivität, sondern sorgte auch für eine deutliche Verbesserung der Arbeitsverhältnisse in den Restaurantküchen.

Auguste Escoffier starb 1935 in Monte Carlo. Sein Einfluss ist bis heute in der kulinarischen Welt spürbar. Seine Philosophie prägt noch immer die heutige Hochküche.

Fernand Point: „Gebt mir Butter“

Ein weiterer Name, der untrennbar mit der Entwicklung der französischen Gastronomie verbunden ist, ist der von Fernand Point. Als Chefkoch und Besitzer des legendären Restaurants „La Pyramide“ in Vienne prägte er die kulinarische Welt durch seine innovativen Ideen und seinen unermüdlichen Einsatz für Qualität und Perfektion. Fernand Point wurde am 25. Dezember 1897 in Louhans, einer kleinen Stadt in der französischen Region Bourgogne-Franche-Comté, dem Land der Bresse-Hühner, geboren. Schon früh entwickelte er eine Leidenschaft für das Kochen, seine ersten kulinarischen Erfahrungen machte er in verschiedenen renommierten Restaurants. 1925 übernahm er schließlich das Restaurant „La Pyramide“ in Vienne und verwandelte es in einen gastronomischen Tempel. „Butter! Gebt mir Butter und nochmals Butter!“ – dieser Ausruf von ihm sagt viel aus über diesen extrovertierten Küchenchef und seine Art zu kochen.

Point war der Meinung, dass ein Gericht aus drei Hauptkomponenten bestehen sollte: einem Hauptgeschmacksträger, einer Sauce und einer Beilage. Er betonte die Wichtigkeit der Frische und Qualität der Zutaten und forderte die Perfektion in der Zubereitung. Sein berühmtes Motto „Die Quintessenz des Geschmacks“ drückte seine Überzeugung aus, dass ein

Gericht alle Sinne ansprechen und ein unvergessliches Erlebnis bieten sollte. In der Pyramide traf sich die Hautevolee der damaligen Zeit: Josephine Baker, Marlene Dietrich, Charles Laughton, Jean Marais, Picasso, Edith Piaf und viele andere.

Point war aber nicht nur ein außergewöhnlicher Koch, sondern auch der Mentor und Wegbereiter für viele junge Küchenchefs. Er führte eine neue Generation von Talenten in die Welt der Haute Cuisine ein und beeinflusste sie nachhaltig, unter ihnen spätere Spitzenköche wie Paul Bocuse, Alain Chapel und Jean Troisgros.

Fernand Point, der schon gleich morgens nach dem Zähneputzen die erste Flasche Champagner geöffnet haben soll, verstarb 1955 im Alter von nur 58 Jahren. 4000 Menschen sollen seinem Sarg gefolgt sein. Sein Engagement für Exzellenz und seine kulinarische Vision haben die Grundlage gelegt, auf der viele Küchenchefs aufbauen und ihre Kreativität entfalten konnten.

Paul Bocuse – Eine Legende der französischen Gastronomie

Paul Bocuse war zweifellos einer der einflussreichsten und bekanntesten französischen Köche des 20. Jahrhunderts. Sein Name ist untrennbar mit der Nouvelle Cuisine verbunden, einer kulinarischen Bewegung, die die traditionelle französische Küche revolutionierte. Mit seinem außergewöhnlichen Talent, seiner Leidenschaft für das Kochen und seinem unverwechselbaren Stil hat er die internationale Gastronomieszene nachhaltig geprägt.

Bocuse wurde am 11. Februar 1926 in Collonges-au-Mont-d'Or, einem Dorf bei Lyon, geboren. Schon in jungen Jahren entwickelte er eine Liebe zum Kochen und verbrachte viel Zeit in der Küche seiner Familie. Sein Vater und Großvater waren ebenfalls Köche, die ein renommiertes Restaurant betrieben, was seine Leidenschaft weiter befeuerte. Bocuse absolvierte eine Ausbildung zum Koch und erweiterte sein Wissen in verschiedenen Küchen in Frankreich und im Ausland. In den 1960er-Jahren begann Bocuse, die kulinarischen Traditionen herauszufordern und neue Wege zu gehen.

Gemeinsam mit anderen Spitzenköchen wie Michel Guérard und Alain Chapel prägte er die Nouvelle-Cuisine-Bewegung, die auf leichtere und frischere Zubereitungen setzte und sich von den schweren, traditionellen Gerichten distanzierte.

Bocuse betonte die Bedeutung von frischen Zutaten, sorgfältiger Zubereitung und dem Fokus auf den natürlichen Geschmack der Lebensmittel. Sein Restaurant wurde zu einem Pilgerort für Feinschmecker aus aller Welt, die seine einzigartigen Kreationen und den erstklassigen Service genießen wollten. Berühmt ist u. a. seine soupe aux truffes, eine Trüffelsuppe mit Gänseleber und Blätterteig.

Durch seine Kochkunst, seine Kochbücher und seine zahlreichen Schüler und Nachfolger verbreitete Paul Bocuse die Ideen der Nouvelle Cuisine in der ganzen Welt. Er war ein Botschafter der französischen Küche und ein Vorbild für viele junge Köche, die seine kulinarische Philosophie weitertrugen. Bocuse gründete außerdem den renommierten „Bocuse-d'Or-Wettbewerb", der als einer der bedeutendsten Kochwettbewerbe der Welt gilt und junge Talente fördert.

### Haute Cuisine und Champagner – eine perfekte Kombination

Zurück zum Champagner: Die Aromen und Texturen, die in der Haute Cuisine verwendet werden, sind komplex und vielschichtig. Von delikat bis kräftig, von cremig bis knusprig – jedes Gericht bietet ein außergewöhnliches Geschmackserlebnis. Um diese Geschmacksexplosionen noch zu verstärken, werden passende Getränke gesucht, die das Essen ergänzen und verbessern können. Und hier kam im Laufe der Zeit der Champagner ins Spiel. Die lebendigen Säuren und subtilen Nuancen in Schaumweinen harmonieren mit den anspruchsvollen Geschmacksprofilen der Haute-Cuisine-Gerichte. Von Meeresfrüchten über Geflügel bis hin zu exquisiten Desserts – Champagner bietet eine breite Palette von Kombinationsmöglichkeiten, um die Aromen zu ergänzen und zu verstärken.

Die Auswahl des richtigen Champagners oder Sektes für ein Haute-Cuisine-Gericht erfordert Feingefühl und Expertise. Ein leichter, trockener Ausbau passt gut zu Meeresfrüchten und leichten Vorspeisen, während ein vollmundiger Vertreter sich hervorragend mit herzhaften Gerichten wie Entenbrust oder Trüffel kombinieren lässt. Und Desserts können von einem süßen Schaumwein mit seinen fruchtigen und blumigen Noten profitieren.

Die Kunst besteht darin, die Balance zwischen den Aromen des Essens und denen des Champagners zu finden, um eine geschmackliche Synergie zu schaffen. Eine gelungene Kombination kann die Geschmackserlebnisse beider Komponenten verstärken und neue Geschmacksdimensionen eröffnen. Wie man das schafft, beschreibt das Haus Moët & Chandon so: „Unsere Champagner haben vier der fünf Hauptgeschmacksrichtungen: Säure aus der Chardonnay-Traube; Bitterkeit der Pinot-Noir- und Meunier-Trauben; Umami aus der Reifung auf Hefen; und Süße, die von der Dosierung abhängt. Das fünfte Element, Salz, fehlt. Es muss also ein Bestandteil des Lebensmittels sein, damit alle Aromen zum Vorschein kommen."

## Hochküche und Champagner als Marketing-Konzept

Die großen Champagnerhäuser pflegen nach wie vor diese Allianz von Hochküche und Champagner für ihr Marketing. Das Haus Krug z. B. lädt jedes Jahr Chefköche ein, passende Gerichte mit simplen Zutaten als Begleitung für ihre Grande Cuvée oder ihren Rosé-Champagner zu kreieren. Mal ist es die Zitrone, mal der Reis, dann die Zwiebel oder der Pilz. Auch das Ei, die Tomate und die Kartoffel mussten schon herhalten, um die neueste Edition der Kellermeister zu begleiten. Veuve Clicquot pflegt ebenso den minimalistischen Hochgenuss. Hier ist es der Käse, der im Zusammenspiel mit dem Champagner die großen Geschmackserlebnisse liefern soll. „Entdecken Sie überraschende Kombinationen, die, einmal gekostet, wie selbstverständlich zusammengehören", verspricht das Haus der Witwe Clicquot – vielleicht auch, weil der junge gelbe Gouda auf dem Brett so gut zum gelben Etikett des Hauses passt.

Das Haus Heidsieck & Co. Monopole hat im Jahr 2000 die Spitzenköche Pascal Barbot und Christophe Rohat vom Sterne-Restaurant „l'Astrance" in Paris für sein Nachwuchsförderprogramm gewinnen können. Hierbei werden junge talentierte Köche dabei unterstützt, ein eigenes Restaurant zu eröffnen. Charles Heidsieck dagegen übernahm 2023 die offizielle Partnerschaft für die Verleihung der Michelin-Sterne in Großbritannien, in Irland und in den nordischen Ländern. „Als Partner der Köche sind wir stolz darauf, die französische Lebenskunst, hohe Qualität, Kühnheit und Kreativität zu fördern", so Stephen Leroux, der Chef des Hauses. Zu Ehren seines Vaters Pierre Taittinger, der in Paris ein Restaurant betrieben hatte und mit Fernand Point befreundet war, rief Claude Taittinger 1967 den „Prix Culinaire International Pierre Taittinger" ins Leben, der 2007 in „Le Taittinger" umbenannt wurde. Das Ziel dieses Kochwettbewerbes besteht darin, das herausragende Niveau der französischen klassischen Küche zu bewahren. Neben dem Wettbewerb für junge Profiköche gibt es seit 2009 auch einen Wettbewerb für Amateure, den Preis „Taittinger des Cordons Bleus".

Das Haus Ruinart geht noch weiter. Unter dem Titel „Food Art" werden Künstler und Köche zusammengebracht – zur „Verschmelzung von Kunst und Gastronomie, zwei Formen des kreativen Ausdrucks, denen die Suche nach Emotionen gemeinsam ist". Außerdem findet in der Rue des Crayères in Reims jeden Samstag ein Brunch statt. Für 80 Euro pro Person inclusive Tasting ist man dabei, der Platz am Frühstückstisch ist für zwei Stunden reserviert.

Wer dann noch mehr Haute Cuisine und Champagner genießen möchte, kann dies in Reims im Zwei-Sterne-Restaurant „Les Crayères" fortsetzen: Hier gibt es das Fünf-Gänge-Menu „Die Seele des Champagners" für 390 Euro, wobei die Champagnerbegleitung zu jedem Gang noch einmal 290 Euro kostet. Der Dresscode verbietet allerdings einen Auftritt in Shorts, Sandalen und Sportkleidung.

Die Krönung für gut betuchte Menschen präsentiert Drei-Sterne-Koch Arnaud Lallement im Hotel/Restaurant „Assiette Champenoise" in Tinqueux vor den Toren von Reims. Im Preis von 3600 Euro für zwei Personen ist enthalten: eine Nacht in einer Suite mit einer halben Flasche Champagner

Krug auf dem Zimmer, zweimal Frühstück, zwei Degustationsmenus „Emotion" mit Champagnerbegleitung von Krug sowie ein exklusiver Besuch mit privatem Tasting im Hause Krug in Reims. Singles bekommen dieses Angebot für 2460 Euro. (Stand 2023.) Wer einmal miterlebt hat, welche Anziehungskraft die bekannten Champagnerhäuser bei internationalen Touristen haben, der ahnt, dass das „Assiette Champenoise" nicht ohne Grund auf die Nähe zum Pariser Flughafen Charles de Gaulle (30 Minuten mit dem TGV) hinweist.

Ich möchte dieses Buch auch meinen Enkeln mit dem Wunsch und der Hoffnung widmen, dass sie viele fröhliche Anlässe finden, einen Champagner oder Sekt zu trinken. Mögen sie von Kriegen verschont bleiben – so, wie es mir bislang vergönnt war.

Danksagung

Bedanken möchte ich mich bei der Saarland Sporttoto GmbH und der Saarland-Spielbank GmbH für ihre finanzielle Unterstützung zu diesem Buch. Mein Dank gilt auch den Champagner- und Sekthäusern, die mir bereitwillig für Interviews zur Verfügung standen und Einblicke in die Geschichte der Unternehmen gewährt haben. Insbesondere danke ich auch den Familien Neuville und Lemaire in der Champagne dafür, dass sie mir die persönlichen Aufzeichnungen ihrer Mutter bzw. Großmutter Brigitte von Pentz zur Verfügung gestellt haben. (Champagne Jean Lemaire, 31 rue d'Oger, 51190 Avize, https://jean-lemaire.com)

Versichern möchte ich an dieser Stelle, dass ich bei meinen Besuchen und Recherchen in der Champagne keinerlei Einladungen und Geschenke entgegengenommen habe, deren Wert das im gesellschaftlichen Verkehr übliche und im Rahmen der beruflichen Tätigkeit notwendige Maß überstiegen hat, und deswegen frei bin in meiner Urteilsfindung.

Ich danke dem Seume-Verlag für die immer gute und vertrauensvolle Zusammenarbeit

# Literaturverzeichnis


- Arntz, H. (1983). Der Sekt: Vom Syndikat zum Verband Deutscher Schaumweinkellereien. Wiesbaden: Wirtschaftsverlag.
- Bonal, F. (1990). Anthologie du Champagne: Le Champagne dans la littérature universelle. Langres: Dominique Guéniot.
- Busch, W. (1872). Die fromme Helene. München: Bassermann.
- Carême, M. A. (2001). L'art de la Cuisine Française au dix-neuvième siècle, Bd. I bis V. Paris: Elibron Classics.
- Escoffier, A. (2009). Le Guide Culinaire. Paris: Flammarion.
- Johnson, H. & Duijker, H. (1998). Atlas der französischen Weine. Bern/Stuttgart: Hallwag.
- Kaufhold, B. (2002). Deutsche Sektreklame von 1879–1918. Bochum: Disseration an der Ruhr-Universität.
- Kladstrup, D. & P. (2009). Champagner – Die dramatische Geschichte des edelsten aller Getränke. Stuttgart: Klett-Cotta.
- Kladstrup, D. & P. (2019). Wein und Krieg. Stuttgart: Klett-Cotta.
- Maalouf, A. (2014). Die Verunsicherten. Zürich: Arche Literaturverlag.
- Mann, Th. (2012). Bekenntnisse des Hochstaplers Felix Krull. Frankfurt: Fischer.
- Mazzeo, T. J. (2009). Veuve Clicquot – Die Geschichte eines Champagner-Imperiums und der Frau, die es regierte. Hamburg: Hoffmann & Campe.
- Nothomb, A. (2016). Die Kunst, Champagner zu trinken. Zürich: Diogenes.
- Ringelnatz, J. (1994). Gesamtwerk in sieben Bänden. Zürich: Diogenes.
- Simon, A. L. (1905). History of the Champagne Trade in England. London: Wyman.
- Taittinger, C. (1997). Champagner von Taittinger. Paris: Éditions Stock.
- Tomes, R. (2009). The Champagne Country. Whitefish: Kessinger Publ.

# Über den Verlag: J. G. Seume

Der nahe Leipzig geborene Johann Gottfried Seume (1763 bis 1810) war ein deutscher Schriftsteller und Dichter, vor allem aber war er Wanderer – nach Syrakus, innerhalb Deutschlands und nach Russland, Finnland und Schweden. Er war ein Grenzgänger zwischen Ländern, Zeiten und sozialen Klassen. Was er dabei erlebte, schrieb er auf: sozialkritisch, engagiert, konkret. Er scherte sich wenig an nationalen, politischen und sozialen Barrieren.

Der nach ihm benannte Verlag sieht sich in dieser Tradition: mit Büchern Einsichten vermitteln in unsere Natur, unsere Fähigkeiten und die sozialen Verhältnisse, in denen wir leben. Der Namensgeber als Wanderer zwischen den Welten, das heißt für uns: Grenzen überwinden – zwischen Ost- und Westdeutschen, zwischen Deutschen und Franzosen, Polen, Tschechen, zwischen sozialen Klassen und politischen Gruppierungen. Neugierig machen aufeinander, voneinander lernen, deutsche und europäische Identifikationsorte schaffen oder an sie erinnern.

J. G. SEUME

VERLAG

Dies tun wir mit den folgenden Buchreihen:

Die Kinderstadtführer erzählen die Geschichte von Städten, stellen potenzielle Ankerpunkte sozialer Identität vor und wirken damit im Sinne der Ideale Seumes und der Grundsätze dieses Verlags.

Die Literarischen Spaziergänge sind das Pendant zu den Kinderstadtführern für Erwachsene. So, wie J. G. Seume spazierend die Welt betrachtete und begriff, sollen sie den Lesern einen neuen Blick auf die Stadt ermöglichen: unterhaltsam, informativ, überraschend.

Eine dritte Reihe – die Passagen – ist Menschen gewidmet, die ein Leben ähnlich dem Leben Seumes geführt haben: unabhängige, mutige Geister, die sich um die Überwindung sozialer, kultureller, religiöser, geographischer Grenzen bemühten und deren Andenken allmählich zu verblassen droht.

Das Buch von Volker Hildisch ist der erste Band einer vierten Reihe Seumes Tornister. J. G. Seume hatte bei seinem „Spaziergang nach Syrakus" mehr Bücher als Wäsche in seinem Tornister. Entsprechend werden hier Geschichten von und für Reisen über Grenzen erscheinen – Lebensreisen, Abenteuerreisen, Phantasiereisen. „Als Rotkäppchen Frankreich verlassen musste" beschreibt solche Lebensreisen; es ist zugleich ein idealer Begleiter für Reisen durch die Champagne. Und es zeigt, wie produktiv diese Grenzgänge für das deutsch-französische Verhältnis waren und sind.

Impressum

• Neuauflage, März 2024



• Gestaltung: Fabienne Lentes, hello@fabiennelentes.com
Janine Wichmann-Paulus, janine.wichmann@mail.de

• Bildrechte: Volker Hildisch, info@hildisch-online.de | S. 1, 6, 9, 14, 15, 22, 27, 28, 31, 37, 39, 41, 43, 44, 47, 50, 54, 57, 59, 62, 63, 64, 65, 66, 71, 101, 102, 103, 104, 106, 112, 119, 122, 129, 132, 144, 151, 152, 156, 160, 165, 167
Christian Neuwill | S. 10, 13
Wikipedia (gemeinfrei) | S. 18, 20, 21, 25, 34, 51, 53, 55, 58, 68, 73, 74, 76, 77, 84, 86, 87, 97, 111, 121, 126, 155, 156, 159
Henkell | S. 88, 107, 135, 140, 141, 147
Rotkäppchen-Mumm | S. 93, 98, 109, 139
G. H. Mumm | S. 56
Champagne Bollinger | S. 61
Champagne Deutz | S. 109, 110
Alexander Kern | S. 154
Creative Commons | S. 161

• Herstellung: ADverts printinghouse, Riga, www.adverts.lv

• ISBN: 978-3-9825878-0-6

• www.seume-verlag.de